Kebír García

Sombras Miméticas

Θ 2023 Θ

Primera Edición ISBN: **979-8-218-18922-8**

Informes:

⊠ José L Garcia Ruiz ⊠
Tel. 52 686 188 8705
Tel. 52-686-198-1440
kebirgarcia1@gmail.com
kebir_garcia@hotmail.com
Kebir.Garcia @FB

Mexicali, Baja California, México

Impreso en USA.

A mi Maestro, a ellos, a mis hijos.

En memoria de Alfonso González Velasco.

Lo que te espanta del mundo,
lo que se te enfrenta como el misterio
de su espacio y de su tiempo,
es el enigma de tu propio captar
el mundo y de tu propio ser.

Kant

La rebelión estudiantil es nuestro futuro,
es nuestra protección,
es la que mantiene a salvo la educación;
que se polarice y se mantenga el balance.
El resultado será:
los que producen y los que no tienen éxito.

Kebir '83

La memoria es la bitácora del alma.

Aristóteles

PRIMERA PARTE

PRÓLOGO

Yo su sombra mimética
acompaño el camino del líder.
Yo su fehaciente sombra seré su narrador,
con la conducción e introducción de:
Sombras Miméticas.

Las sombras nos escondemos de la luz,
será el juego de mimetizar en su sombra,
mientras viva.

Bueno, al menos es lo que tratamos de hacer.

Estaré en su sombra, luego más tarde moriremos.

Lo diré con sinceridad, seremos varias sombras en su vida. Iremos siendo sustituidas en cada una de sus etapas de vida.

Así, por ese largo y largo camino desconocido; hasta morir. En polvo se convertirá, entonces yo dejaré de existir.

El tamaño de su sombra será el propósito de su liderazgo, de sus éxitos.

Solo seré observador, le escucharé en veces, algo así, como de guía, cambiándole la temperatura del cuerpo, ¿qué se yo?

Será libre de conquistar, de luchar, de usar el poder.

La tarea consiste solo en llevar al pie de la letra su bitácora que en su momento se arrojará a los otros…

Entonces le reconocerán, posiblemente estén interesados en copiarle, en seguir su ejemplo.

Así, hasta que se agote y dejar su legado en manos de los jóvenes que le admiraron, que le amaron, que supieron de él.

Para otros, que en algún escrito le habrán de leer o en alguna voz le habrán de escuchar. Hermoso legado para quién lo tome.

Qué amargo será hacerse líder, ¿verdad?

Lejanamente le llegará la sensación de ¡sentirnos! de ¡percibirnos!

Este es el lado hermoso; seremos amables, confidentes, alegres, con vicios terrenales.

Atrapará ese delicioso aroma de mujer, se rodeará de amigos, de enemigos, de contrincantes. ¡sí! ¡una locura!

La mayoría de las personas que se vean obstaculizadas no le creerán, otros le utilizarán en cuanto se descuide.

No podrán hacerle daño, pero hablarán a sus espaldas, le criticarán, le inhabilitarán, le golpearán, le mandarán al hospital, la enfermedad le llegará por lo más débil, pero es todo lo que podrán hacer.

• • • Mi sombra le sorprenderá • • •

¡Reaccionará!
pero me aceptará,
inclusive me ignorará.
Me necesitará en sus respuestas.

Por supuesto, haremos una introducción,
¡no abandonaremos las reglas de la redacción!

Aquí, haré un cambio a mi perspectiva, me dirijo directamente a nuestro personaje, para no confundir a nuestro lector. «¡A ti Alfonso!»

Antes, debo decirte que me conocerás lo suficientemente bien y pronto.

Naceré junto a ti, seré parte de ti. ¡Inseparables!

Si hay dolor no lo reconocerás, si te hago bromas muy pesadas no te enfadarás, si te grito no me escucharás, bastará con estar a tu lado.

Dónde veas, o dónde no veas tu sombra ¡ahí estaré! de la manera más silenciosa, caprichosa, burlona, fiel, cordial posible.

Me hospedaré en los espacios de tu alma, de tu mente, de tus ojos, de tus locuras.

Ni me cobrarás alquiler, ¡eso sí! graciosamente en el limbo, jamás sabrás de mí.

¿Colegas, por donde empezamos?

• Iniciamos con una pequeña teoría que da forma a su persona •

Te diré; aquí, muy confidente… la única gracia será mimetizar en tu sombra, aunque a veces me las puedo ver negras cuando el sol está en su cenit, me sentiré pisoteada, aplastada sin escapatoria, por tu mole que se posiciona arriba de mi…

En estas situaciones trataré de mantenerme cuerdo, que me ayude a sobrellevar la situación.

Es posible que te estés preguntando:

¿Por qué elijo acompañarte?

Lo que me lleva al siguiente punto.

Solo porque llevas el don del liderazgo.

Los otros, ¡si los otros! ¿cómo te lo explico? son los que se quedaron atrás; no se manejaron solos.

Luego y luego buscaron momentos para descansar, preocupándose por ser felices, los que pronunciaron que necesitan a, dan gracias a, que bendicen en nombre de Dios.

Se agotaron, dieron sus excusas, se fueron por su lado, evitaron el esfuerzo, cuidaron la apariencia, son de los que habría que empujar, siempre.

En este día, en este lugar, a ti te tocó, eres el elegido. ¡Afortunado o desafortunado!

Eres la historia que habrás de forjar, e innovarás los procesos de ...

¡Momento, esperen un momento! ya no diré más. Sí, hasta lo desconozco, y no voy a mentirte.

De eso mis camaradas se encargarán, y si alguien de afuera está interesado lo sabrá más adelante, solo tiene que continuar por aquí, ¡se pondrá interesante!

Esta es realmente una pequeña historia, sobre, entre otras cosas:

* Organizador, natación
* Práctica profesional
* Buque "San Pedro"
* "Palangre"
* Ciudad de México
* Puebla
* Trabajo Industrial
* Mexicali
* Turín, Italia
* San Felipe, B. C.
* Jóvenes estudiantes
* UNESCO

Mejor no le sigo; ya me abrumé con tanta actividad.

Capítulo I

1. Chihuahua, 1941.

Montaña, pobreza, ladrón en bicicleta.

Avalos, Chihuahua.

Las primeras copiosas lluvias de agosto y las nevadas se arrojan antes de que pase enero, la población está destinada a pasar el invierno blanco y sus heladas.

• • • Ciegos y silenciosos • • •

Cuando el pueblo es pobre,
las preguntas no tendrán respuesta,
el hambre los volverá ciegos,
la sed los volverá silenciosos.

Los lugareños vigilan el clima con atención a las primeras luces del amanecer. En la primera oportunidad consiguen salir al aire libre para mejorar los ánimos, aclimatar sus cuerpos e iniciar las jornadas del diario bregar.

Los niños, los jóvenes, los trabajadores, emprenden sus viajes, sus caminatas. Se van acomodando dentro de la ciudad en sus actividades. Llenar de efectos mientras la luz del día se arroja sobre el terreno. Dominando la puntualidad, la responsabilidad, poner el agua donde falte, picar la mina, imprimir el diario, atizar la estufa, los calientitos, el sotol, el tesgüino.

Van rodando las horas y finalmente se va asomando la oscuridad, los caminos se llenan de regresos, se acomodan en sus hogares, hacen cuentas, dialogan las aventuras, revisan la semana, se alimenta la alcancía. Mañana, mañana será otro día.

La extensión de la historia de Chihuahua inicia desde los 1700 bajo el dominio de los españoles, criollos y mestizos.

La naturaleza es generosa, el clima frio domina, los hombres con su mentalidad empujan a sus críos, llevan el pan a la mesa.

Se acude a los centros educativos, deportivos, a la iglesia, la mercancía se mueve.

Nace entonces Alfonso. Quien daría el equilibrio entre entidades opuestas, entre lo que es posible y lo contradictorio, en lo que sobra y se comparte.

Entre convencer y ganar, en el gastar y dejar rastro. Aspectos que serían contradictorios entre sí para convertirlos en armonía simétrica en el plano de las relaciones.

Capítulo II

2. El lugar.

Fue un lugar pasajero, con casa de madera, ladrillo, rodeado de terrenos de cosechas. La familia agrupada festejando la llegada de Alfonso el primogénito.

Entre las voces se dijo: que no viviría demasiado tiempo allí.

Se guardó silencio ante aquella noticia, aceptando que el tiempo que permaneciera entre ellos, sería el necesario para sembrarle el sentido de los logros, de la dignidad para alcanzar el éxito.

En ese lugar de pobreza el tiempo lo miden las estrellas y el sol.

Las parcelas se vigilaban ante los arribos de los hambrientos en bicicleta o a pie, suerte que entre ellos aprovechaban para entrenar en carreras de velocidad, con la carga del hurto en sus manos, ¿en sus manos? ¡en lo que fuera! para no ser alcanzados por los perdigones o sal lanzada por escopetas.

Si no elegias escapar bien y atorabas, lo más seguro era llegar a casa con la boca rota, el ojo morado o el trasero agujerado.

Capítulo III

3. **Mamá.**

Ella mantuvo el orden, a cada uno de ellos entregaba en su medida las palabras, limpieza, orden, responsabilidad.

Su lenguaje formándoles su carácter. Para ella, el mantel en la mesa y los cubiertos en su lugar, el por favor, la casa de usted, la del invitado, en las posadas derrumbar a palos ciegos la piñata, todo en la medida de sus posibilidades económicas, la buena cuna y las buenas costumbres.

SEGUNDA PARTE

4. Organizador, Natación.

Nace el Instituto Tecnológico de Chihuahua, que fue el primer Instituto Tecnológico de México.

• Otra sombra mimética está contigo •

Una ley y una acusación tienen el mismo filo,
su defecto es que ambas son creadas por el hombre.

• • • ¡Sí, soy tu siguiente mimética sombra! • • •

Acompaño aquí a quien será todo un graduado,
ahora su estatura es de 1:90 cm., formalmente atlético y
activo en todas las disciplinas deportivas, lo que impli-
que competir.

Increíblemente dotado de memoria, no tengo idea
¿cuántos millones de gigabytes-ram de recepción?

Acude a todas las actividades académicas, hábil, agudo en las relaciones públicas, gentil, tenaz, ordenado, incansable, "ya está de regreso, cuando los demás van de ida".

Amplia visión de las operaciones académicas, recursos, lejos del umbral del enojo, inquisitivo, conciliador.

• • • Primeras sorpresas • • •

Para Alfonso inicia el acontecimiento que marcó su destino, donde los grandes maestros, directores de la educación ya lo tenían identificado.

Se tenían los planes, solo esperaban ejecutar las operaciones de construcción, puntos de operación, planes de estudio, permisos.

Reclutar más líderes con sus características, para garantizar el éxito de los planes académicos en su formación y administración, puntualizar las fechas de inicio.

• • • Unos años antes, asoman • • •
¡porque están ordenados!

Ideales, esfuerzo, trueques, disciplina.
"Me das lo que te sobra, te doy lo que te hace falta."

Se lanza convocatoria deportiva a nivel nacional organizada por el Instituto Tecnológico con sede en la ciudad de México.

En el Tecnológico de Chihuahua los estudiantes deportistas preparados estaban, de lo que se padecía era de presupuesto, hacían cuentas, daban su veredicto y el total se exhibía igual a no presentarse al evento.

Este incidente sugiere, además, formarnos un criterio que (si queremos hacer semiótica de los alumnos) denominan como "interpretación", aclarando sus ideales, ser parte de la contienda, estar presentes, representados con su símbolo virtual "nosotros hacemos la diferencia".

Alfonso escucha la negativa "temporal" de no acudir por falta de recursos, ¡justo lo que necesitaba! presiona el botón "activar".

• • ¡ay no! tan a gusto que estaba • •
¡a moverse holgazán!

Alfonso, se acerca a la dirección, dialoga, pide documentación que lo ampare en sus propósitos, forma un grupo de trabajo, elaboran estrategias que permitan alcanzar la meta, "planeación".

Realizan sus cálculos, los gastos, transporte, viáticos, los tiempos. Van a las calles, a la ciudad, a las empresas, centros de gobierno, instituciones.

Objetivo: representar a su institución, estar presentes, aprender, socializar, viajar, proyectarse.

Ser parte de la moda de generaciones jóvenes. La presencia simultánea de todos los valores, los intercambios generosos del aprendizaje.

Ser en su momento parte de los relevos esperados en la sociedad, que está ávida de jóvenes brillantes, con valores.

Capítulo V

5. La recompensa.

La gente de nuestro país, de nuestros pueblos,
siempre es generosa, inteligente.
Compartir es:
el legado sagrado de la sobrevivencia; del mañana.

Hoy aprendiste a recibir,
mañana nos proteges, nos cuidas,
nos representas, nos amas.

Es la fecha cercana al acontecimiento en tiempo y forma. Los primeros rayos del sol alumbran la bóveda lejana del horizonte.

En ese baile del claroscuro, se alista la caravana para salir en camión a su largo viaje.

Los atletas con sus equipajes, sus equipos deportivos, los choferes, provisiones, maestros.

De pronto se ve a lo lejos una figura muy alta, cargando con su equipaje que se acercaba corriendo, jadeando, tomando grandes bocanadas de aire, antes de que pudiera llegar.

—Ya lo tengo todo previsto— dijo Alfonso —no tengo invitación, no formo parte de ningún equipo, pero quiero ir a la fiesta, ¡al relajo!—.

—Solo necesito que me den el cargo de aguador, aquí traigo mi frasco de agua fresca—.

Dijo triunfante, con el pelo enchinado pegado a la frente por el sudor y mostrando con la mano levantada su frasco lleno de agua.

Con asombro se veían unos a otros, era Alfonso quien les estaba enviando el mensaje y sus deseos de incorporarse en el viaje.

Todos atentos, unos viendo desde las ventanillas del camión, otros aun apeándose, y estibando su equipaje.

Se detuvieron y se volvieron hacia el personaje que les hablaba. En verdad la alegría de que los acompañara era de aceptación general.

—Usted súbase, siempre será nuestro invitado, siempre será bien recibido... — dijo uno de los maestros, y le ayudó con su equipaje.

A su alrededor todos interpelaban gustosos clamando que subiera al camión y le ofrecían el asiento de enseguida para que fuera su acompañante, el que los protegería, el que los guiaría, con el que todo saldría bien.

Transcurren los días de las grandes batallas atléticas en las que el equipo de natación del Instituto de Chihuahua apuntalaba y no se veía en los tableros ni en los pronósticos, quien los pudiera desplazar.

Antes de exponer el incidente acontecido en este evento, en el entendido de que el peor diagnóstico en cualquier tiempo es precisamente el que se realiza en caliente.

Aquí ocurren cosas donde no coinciden las coordenadas y no se entreven bien las acciones, no se comprenden bien las astucias de la razón, dónde se manifiesta un complot del "espíritu del tiempo".

Condenable; si, pero que no se percibe a la ligera.

—Si sé que no voy a ganar la competencia,—
—entonces encontraré la forma de que tampoco la ganes.—

Capítulo VI

6. Penúltimo día.

Eran ya las últimas horas del día, ahora les toca el turno a los deportistas de Chihuahua de tomar su cena, para luego trasladarse a sus dormitorios. Esperar el siguiente día, con el objetivo de ganar las contiendas.

**Sabemos de antemano que el síndrome del complot
es tan antiguo como lo es nuestro mundo.
¡Y esta noche no sería la excepción!**

Para los atletas fue una noche de carreras apuradas, agonizantes, ¡undostres, cama-inodoro! ¡undostres, inodoro-cama! que no tenían fin, ¡es más, ni dormían ni dejaban dormir!, no lograban descansar.

La alarma estomacal era un suplicio, el volumen al máximo, con llamados peligrosos, de ¡ya! que se llamaba inodoro, se encontraba al final del pasillo; lejano..., lejano..., pero muy lejano… donde el sifón no se daba a vasto.

A primeras horas de la mañana el equipo de natación a marcha forzada como sonámbulos, se presentaban en la alberca, lo que menos deseaban era tocar el agua. Deshidratados necesitaban sueros para recuperarse y dormir, lo que más deseaban era dormir.

Las competencias de natación se realizarían en varios estilos. Los maestros, Alfonso, y toda la comitiva chihuahuense que los acompañaba, se esmeraban por darles ánimos y que al menos hicieran acto de presencia al momento de competir, se acomodaran en sus líneas.

Si no era posible competir, retirarse de la línea de salida, aceptar la descalificación "bajo protesta".

Que realmente no sirvió de nada, el plan de sabotaje había funcionado, el evento deportivo continuaba viento en popa, eran las finales del último día y no se detendrían por unos sonámbulos chihuahuenses que se fueron de farra, o que les afectó la altura de la ciudad "según diagnóstico de los organizadores".

Así, los fueron descalificando en cada uno de los estilos, solo quedaba la última competencia, el último estilo.

Quien competería en esta prueba se sentía tan mal; que abandonó la alberca para irse a refugiar a su dormitorio.

El maestro se sentía desbastado, incapaz, no hallaba si tirar la toalla o "morirse". Hizo un gesto en dirección a su grupo que le miraba sin poder darle respuestas.

Sí, fue Alfonso el que habló.

—Si usted gusta yo me presento en lugar de nuestro compañero— le dijo a su maestro —a mí no me purgaron y se nadar un poco—.

¡BANG! Los competidores salen disparados de sus posiciones a toda velocidad deslizándose sobre el agua. La algarabía explota en porras y gritos expandiéndose desde las gradas en apoyo a sus compañeros.

La llegada a la meta fue sorpresiva, tan sorpresiva que por un momento todos guardaron silencio, cuando nuestro nadador toca la pared de llegada, pasan: uno, dos, tres … segundos y solo la comitiva chihuahuense pega el salto de júbilo y alegría.

Alfonso ganaba la competencia de natación.

Capítulo VII

7. **Premiación.**

En ceremonia de premiación se acerca Alfonso a recibir su premio, intercambia saludos y agradecimientos, en ese momento se le acerca un personaje, lo felicita, discretamente desliza una tarjeta y se la entrega.

—Cuando sea su tiempo, le llamare. Aquí le estaremos esperando— le dice con sonrisa amable y en voz baja.

La hazaña se registraba, el mundo exterior puso los ojos en este personaje, la noticia se expandió, lo increíble había sucedido, lo maravilloso e insólito.

El camino empezaba a tejer su rumbo, cobrando forma, con asociaciones místicas y morales no solo a los conocidos, sino también a los que ya lo esperaban.

TERCERA PARTE

Capítulo VIII

8. Graduación 1962.

• • • Tierra y semilla • • •

A la orilla de cada mañana,
crece la sombra de aquel hombre,
que le da entierro y agua a cada semilla,
para dar lugar a la compleja pasión del brote.

Alfonso se contemplaba en el espejo, transformación que le proporcionaba la adquisición de su nuevo traje, identificando, ajustando la tela a sus movimientos "como manda el manual".

Pero no lo hacía con la turbación en veces ocasionada por el acelere, sino con tranquilidad y suavidad, que con sus dos manos distendía a veces, para ajustar el saco a sus hombros, apasionadamente preocupado por su estética, atreviéndose a establecer su categoría de joven estudiante a estudiante joven: como quiero verme y como quiero que me vean.

Deliberadamente trataba de esperar; tenía tiempo.

Siempre era puntual; respetaba los quince minutos de holgura, pero él se agregaba antes, otros quince y —esa idea le hizo sonreír—. Debía llegar a las nueve, solo eran las siete. Tenía mucho tiempo aún.

Tiempo para pensar en algo, avivarse.

¿Pero, qué tenía que pensar tan intensamente durante el día?

Cómo para sostener sus ideas y seguir adelanté.

Reconocía muy bien aquella inquieta vibración desde su niñez, que lo llevaba del ayer al mañana. Donde estoy ahora, donde estaré mañana.

Súbitamente sintió que la felicidad lo invadía, ahora aceptaría todo en su vida, aceptar el mundo, comprendiendo en un abrir y cerrar de ojos, que todo estaba bien.

Todo se encontraba compensado por una incesante vitalidad de ávidos apetitos, en el fondo de sus ambiciones por la gran satisfacción de existir, que no se detendría.

Marchó junto con su familia rumbo a su graduación.

—Ven a mi lado Mamá— ella se acerca, lo veía feliz y brillando. Le cogió una mano, oprimiéndosela suavemente.

—Estaré rodeado de tareas— le dice Alfonso —tendré que moverme a otros lugares fuera de aquí—.

Y añadió: —dónde realizo mis prácticas profesionales en la compañía minera, recibí una invitación de trabajo y la voy aceptar, ¿qué le parece?—.

Mamá rió.

—Echarás de menos tus manzanas, tu bicicleta con tus escapadas de los huertos, arrojando el botín sobre la mesa, y ver por las mañanas a tus hermanos disfrutando alegres todo lo que se encontraba para comer—.

—Tus largas ausencias de todo el día, hasta palidecer con la noche...—.

Alfonso sonrió al oír sus palabras, seguían caminando.

Él, desvió su mirada hacia el horizonte de su ciudad en señal de despedida, muy confidente.

Ella se volvió, contemplaba la mano que había tomado sobre la suya, una mano grande y abierta.

En su cara la expresión exacta, parecida a un escudo que va hacia adelante cortando el aire, las barreras, los tiempos.

Y como si aquella invitación de la Marina lo hubiese reanimado, aceleró el paso camino hacia el Instituto Tecnológico Regional de Chihuahua, para su graduación como Técnico Sub-Profesional en la carrera de *Técnico en Máquinas de Combustión Interna* que lo esperaba para entregarle su título.

Terminaba la ceremonia, las familias se alejaban, las risas paseaban en armonía a sus alrededores, desempacaban los ayeres, los recuerdos para temas y bromear entre ellos.

—Ya sé a dónde iremos— dijo Alfonso —que les parece unos platillos de carne seca con chile colorado acompañados con tortillas de trigo recién hechas y sus trocitos de queso o sea "burritos"—.

—¿O, nos vamos a casa y preparamos una discada chihuahuense?—.

—¡A casa! ¡a casa!— clamaron todos.

—¡Ah! bueno— repuso él.

No insistió. Mamá le observaba: sabia de su habilidad y de su sentido común para preparar comidas, todo con limpieza, ajos, aceite de olivo, fuego lento y mucho amor.

Esa noche; su familia, la cena, no volvería a suceder.

En su cabeza había muchas ideas sobre la vida, —la familia, los hombres, las mujeres, la educación, el progreso, la pobreza, la política, el poder—.

—Infinitas razones para pertenecer y habitar en la sociedad—.

Se inician los preparativos para la cena, en patio de su casa toman una medida de terreno y piedras para hacer fuego con leña y encima un disco de arar en desuso.

Se acercan los ingredientes a preparar que son carne de res y tocino picados en trocitos, chorizos, chiles jalapeños, jitomate, cebolla, ajo, pimienta y sal.

Una vez que va tomando color en la cocción, le añade tequila blanco, dejando que el alcohol se le evapore.

Como es muy ocurrente agregó en unos platitos, trocitos de queso Menonita.

Por supuesto al terminar de comer, no podría faltar el pastelito de manzana y los jamoncillos de Hidalgo del Parral.

Uno a uno se fue retirando para atender su sueño, su descanso. La noche se extendía callada, asombrosa como siempre, toda fresca.

El cielo esparcido con puntos brillantes, unos titilando otros alumbrados.

Se sentía como uno de aquellos hombres extraños que se le ve a diario tratando de hacer cosas de las que nadie se preocupa, pero están "esperando a que empieces", des el primer paso.

Poner fin a tu anodina existencia hacia grandes esfuerzos, que tus dones guíen las multitudes, las abraces, les entregues el camino de la honestidad, del aprendizaje, hasta acabar fatigado.

Capítulo IX

9. La Marina 1962.

• Cambio de relevo ¡hola! ¡hola! •

Acapulco, Guerrero. Alfonso incursiona en la Marina Mercante Nacional, trabajando para una compañía pesquera particular.

Subiendo por las escaleras lo llevan al segundo piso de un moderno edificio, donde había una gran oficina de juntas, a un lado la dirección principal, de lado contrario un recibidor con sus generosos muebles y un gran ventanal con vista sobre el puerto.

El tráfico de gente era constante con dos secretarias al frente para recepción, recibían las llamadas telefónicas, le daban curso a la información, a la documentación, a la gente.

Se respiraba tranquilidad y control, luces, flores artificiales, elegante.

Se acerca a la dirección para hacer acto de presencia donde se encontraban tres hileras de muebles, una tras de otra, para cuatro, cinco personas.

Algunos esperando su turno de atención. Prefiere mantenerse de pie a un lado de los muebles.

A escasa distancia oía la conversación de dos hombres. Uno de ellos, en voz baja y lenta, con tono agudo, se quejaba de que su barco atracó en malas condiciones golpeándose contra el muelle.

Se dañó, pero alcanzaron a rescatarlo para que no se hundiera. Pero se cancelaron sus operaciones, más compensar los daños causados al muelle.

El otro hablaba con voz de sordina y al doble de velocidad; con deslizamientos en la última sílaba de cada frase al pronunciarla, casi una octava más alta que hacía que el ritmo de su conversación se pareciera al gorjeo de un pichón sobre el alambre: «¡tienes que poner orden en tu tripulación! ¡eso está muy mal! ¡eso no lo puedes permitir! ¿quién va a pagar los daños? ¡además, que cancelan tus operaciones! ¡diablos, tú sí que estas en problemas graves!»

El segundo, como si sufriera por el problema de su amigo cuya autoridad reconocía como dueño de la embarcación, explicaba tozudamente: «¡pues tendrás que hablar con tu capitán y su tripulación!» «¡siempre hay descuidos, ya sea porque su tripulación pasa mal el informe de navegación. O el, ¡traduce mal el informe!» decía el segundo.

Alfonso buscó con la mirada a la voz alta: era un jovencito de pelo oscuro y cara de peleonero.

Se fijó que al estar arrojando las frases. Hacía con la cabeza rápidos movimientos: de izquierda a derecha, de derecha a izquierda. Al mismo tiempo, levantaba los hombros, los brazos y las cejas.

Algo parecido como ver a distancia un par de árabes dialogando. Con un montón de movimientos y gesticulaciones. Que no se sabe si están a punto de declararse la guerra, o ya se enviaron por adelantado todas las bombas "H". Si los misiles ya explotaron. Si los bazucazos ya llenaron de canicas los tanques. Si uno de los dos se va a rendir, o ¿quién a quién? le está haciendo ¿manita de cochi?

10. "Palangre".

—¿Señor Alfonso?— le indica amablemente una de las secretarias.

—Sí, a sus órdenes— le confirma.

—Pase por favor, lo están esperando—.

—¡Pásale Alfonso!— le llama el gerente de la empresa —te tengo buenas noticias buen hombre—.

—Aprendes rápido, como jefe de máquinas del buque motor "San Pedro" la tripulación está muy complacida con tu habilidad para mantener en buen estado la locomotora diésel que se carga la embarcación—.

—La pesca de escama ha sido todo un éxito, con la eficiencia de la embarcación limpiaron toda la zona de las costas de Guerrero y Oaxaca—. recapituló.

—Pero te he pedido que vengas para que te enlistes, si estás de acuerdo, son barcos atuneros japoneses, ya cargando con los permisos, estos izan banderas mexicanas— carraspeó —necesitamos que conozcas y domines las tareas de pesca, zonas de emboscada, su técnica es denominada "Palangre", (Aparejo utilizado en la pesca artesanal. El palangre de fondo reposa sobre el lecho marino. El palangre pelágico, o de superficie, flota a la deriva en el mar) para nosotros está en proceso de experimentación—.

—Procesos de producción, comunicaciones, rutas. En mayor importancia su administración en cuanto a sus calendarios, comercialización y su manejo contable—.

Alfonso miró el vaso vacío y lo estiba para surtirse. Tomó la jarra que se mantenía con agua. Llena el vaso hasta las redilas. Bebió de él, hasta dejarlo vacío.

Lo que acababa de escuchar le agradaba, un calor recorría su cuerpo como si se encontrara dentro del termómetro.

A los ojos de su jefe, respondió con alguna tardanza voluntaria:

—Si me permites, en unos días te doy respuesta—.

El embarcarse a navegar en esta nueva tarea era uno de sus sueños. Las cartas navales trazaban rutas a navegar por las costas de América del Sur.

Alfonso se encogió de hombros. No aceptaba la idea de mantenerse todo el tiempo navegando en el charquito, no sabía porque, aún.

Sentía que esta aventura lo alejaba de la información que manejaba su subconsciente: —alejarse de la gente, de su medio, del pueblo, de los contrastes sociales, de los marginados— y otras visiones que pasaban rápidamente por sus pensamientos, una cinta de película a toda velocidad que no pudo descifrar y no quería estar solo.

Tenía la invitación de uno de sus grandes amigos de viajar a la ciudad de México para visitar una exposición a nivel Nacional de Escuelas Técnicas Industriales y Comerciales.

Otra inquietante razón; la de su mamá. Que al fin educadora con el perfil de profesora y conociendo a su adorado hijo le pedía que la pensara dos veces.

Capítulo XI

11. Puebla.

Y sí, su vida da un giro de 180 grados y toman el viaje a la ciudad de México. Es aquí donde es invitado por el ingeniero Hugo C. a trabajar en el sistema educativo y es designado "Coordinador de Talleres y Laboratorios" en la ETIC 16 de Puebla.

A su vez lo designan director del CECATI No. 8 también de Puebla. Manteniendo paralelamente ambas actividades.

EN MI PUEBLO
SE NACE Y SE MUERE.

Si por razón alguna el agua corre, la gente nace.
Si por razón alguna la mujer se va, la gente muere.

En el momento en que se toma conciencia real de la importancia de la Educación, entre otras actuaciones se insinúa la sensibilidad de lo sublime, entonces se empieza a compadecer a los alumnados, de la falta de distribución justa entre ciudades y pueblos, de igualdad, a comprender las conductas irrisorias de los que en el poder dan las órdenes.

Por el momento hay que guardar silencio, observar debes, escuchar debes, comprender debes. Si te es posible entenderlo y justificarlo.

Definir no entre tú, sino identificar el conocimiento relativo, en el entendido de que es estar cerca de la verdad y el conocimiento absoluto, para que no exista dependencia; sin límites.

Capítulo XII

12. CECATI 1963.

En este lapso de paralelismo de trabajo, las actividades del CECATI No. 8 se encontraban detenidas por algunos meses.

Su equipo de trabajo se dedicó a apoyar al Sistema de Educación Tecnológica en sus etapas de arranque: CECATI del Distrito Federal, ETIC 56 de Tlanepantla, Estado de México.

Acciones que le avalaron para ser designado asesor en las instalaciones de mobiliario, maquinaria y equipos en los edificios que fueron destinados a la carrera de profesor normalista para la Capacitación en el Trabajo Industrial.

En ese momento el Subsecretario de Educación Tecnológica de la SEP felicitó y entregó reconocimiento a Alfonso por su misión cumplida.

Recibe por parte del SNTE Estatal, un voto de admiración y confianza por su labor de equipo en beneficio de la juventud.

Se despide de la ETIC No. 16 y del CECATI No. 8.

CUARTA PARTE

Capítulo XIII

13. Mexicali, B. C.

1ro. de febrero 1964 es designado director fundador del CECATI No. 21 de Mexicali, B. C.

Auspiciado por la Fundación "Mary Street Jenkins".

CECATI – Centro de Capacitación para el Trabajo Industrial.

• Hola yo soy otra sombra mimética •
permisito… permisito… ¡intervengo!
• En verdad les digo: •
Esta es una de las mejores etapas de su vida
profesional por supuesto.
La personal, hum...
más o menos declarada ¡zona de desastre!
Su compromiso con la educación:
¡Administrar! ¡responsabilidad!
¡incansable! ¡la grandeza!

Mexicali ciudad capital, creada por emigrantes de distintos estados del país, la mayoría con créditos militares, ubicados y protegidos por el gobierno para salvaguardar los límites territoriales y reforzar los movimientos militares.

Otros, conocedores de la tierra de familias fuertes, decididas. Se instalaron y generaron familias generosas, trabajadoras, dedicadas al campo, a la siembra; donde solo se quedaba quien cree en la bondad y generosidad de la tierra, en el agua que corre y obtiene brotes de la semilla.

Para Alfonso la construcción de la institución CECATI, tenía que presentar los valores arquitectónicos de la industria y la tecnología.

Se dio a la tarea de viajar a los estados para reclutar técnicos honrados, trabajadores, sobre todo del Tecnológico de Chihuahua.

La biblioteca toda una enciclopedia tecnológica y científica mundial, libros, periódicos, revistas universales. Instaló el orden, uniformes y gafetes de identificación personal. Información en detalle, talleres impecables, pinturas de guía, equipos y herramientas completas.

Y no menos importante las áreas de pasillos y jardines con sistemas de riego e iluminación.

A estas alturas la ciudad a temprana edad se acrecentaba con parques industriales, crecimiento urbano, la tecnología agrícola, de siembras, de cosechas.

Se exigía la necesidad de mano de obra calificada, de trabajos en el nivel de oficio obrero.

Ciudad que atiende los flujos de las estaciones extremistas. En especial esta zona indudablemente hermosa regada por el torrente fluvial del gran Rio Colorado y sus deltas, zonas a campo abierto, obreros que crean el perfil y el mantenimiento de la ciudad.

Alfonso al fin con el dominio de las relaciones públicas, sin perder tiempo visita al Departamento de Inmigración de USA, creando lazos de cordialidad y fraternidad.

Inicia con tenacidad la visita a los parques industriales, universidades, escuelas, iglesias, comercios, los parques, al gobierno estatal, municipal, con el objetivo de ofrecer los servicios de sus alumnos y egresados sin fines de lucro, solo remunerar en forma bondadosa y no obligada.

Tarde que temprano, se trataba de acomodar a sus alumnos. Quien recibía el servicio le daba un valor de calidad al trabajo y valoraba la honradez del obrero.

••• Sabía qué: •••

Las condiciones del hombre son aceptadas o toleradas
en tiempo y lugar, según su época,
según su cultura en la que se desenvuelven.

Convencido de que tenía que darle un significado a
su trabajo, dentro de un paradigma.

Realizar procesos,
ejecutarlos dentro de un sistema,
de procedimientos sistemáticos.

Visualizar con los términos del esquimal:
según su consistencia palabra o proceso a utilizar.

Procesos válidos en la medida en que se consiguen
los resultados.

Capítulo XIV

14. Tiempos Divididos.

Alfonso se levantó antes de que amaneciera. Por la noche había llovido tanto que todo se encontraba anegado, la tierra de este desierto es de características de harina, polvorientas.

Llueve sobre la tierra y se forma toda una masa plana sobre todo el terreno desértico.

Para tomar su auto, tenía que cruzar la calle, que aún no estaba pavimentada, empieza a dar los primeros pasos en la zona, de repente se sintió atrapado de los pies, sus zapatos se encontraban adheridos al suelo, tenía que utilizar más fuerza para zafarse de aquello que lo atrapaba, levanta su pie para dar el siguiente paso y su calzado se viene con toda una masa de lodo, dejando un hueco, bajo la tierra aún seca, que no le ha llegado el agua porque al agua no le es posible filtrarse; tan rápido.

Esta sensación había que controlarla de otra forma, decide regresar y preguntar al viejo portero del hotel que pertenecía a la ciudad, que conocía su naturaleza y lo había estado observando desde su puesto.

—¿Cuál es el procedimiento?— cedió —debe haber alguna forma—.

El hombre le extendió una bolsa con un par de bolsas de plástico adentro y un par de gruesas ligas.

—Póngase las bolsas,— le dijo en voz tranquila —llegando a su auto, las sacude y las vuelve a utilizar, cuando las ocupe—.

—Ha llovido mucho, y lloverá otra vez porque estas son las lluvias de marzo—.

—Las lluvias son oscuras, casi diluvios, cubren el cielo hasta donde alcanza su vista, son lentas y se toman muchos días, porque estas son lluvias de marzo. Lloverá otra vez—.

Aun no acababa de hablar, cuando empezó a llover otra vez.

—Buen día, gracias— le dijo, Alfonso metió sus pies sobre las bolsas y se las atrapó con las ligas, se dirigió hacia su auto y se marchó.

Debía pasar por casa del bibliotecario, antes de ir a su oficina.

El doctor Angulo era un hombre alto, enjuto y casi completamente calvo. Tenía los ojos grises, la nariz prominente y la palidez en la piel de quien acostumbra a pasar demasiado tiempo alejado de la luz del sol.

Cuando conoció al bibliotecario, Alfonso pensó que era algo mayor para tener una hija adulta.

Treinta minutos antes de las siete se estaciona frente a la casa de bibliotecario, abre el cancel, este emparejado en señal de que se esperaba su arribo.

Se dirige a la puerta de entrada, se le esperaba ya; esta se abatía controlada por Alondra que toma unos pasos para ponerse enfrente de la puerta.

Vestía un batín de colores suaves, despeinada y era notablemente hermosa. «No de sus gustos» pensó el, sin desviarle la mirada, sonriendo brevemente.

Ella delgada, con ojos claros, muy blanca, y tal vez demasiado fina.

Alfonso tosió y ella lo miraba sorprendida. Ella se dijo que debía tratarse de otra persona y no del "loco" de su jefe, como lo describía su papá.

—Buen día;— dijo él —soy Alfonso—.

—Su padre me pidió que pasara esta mañana por él. Espero no haber interrumpido su descanso y haberla despertado—.

—No se preocupe, tarde que temprano hay que despertar— repuso ella convencida.

Él pensó, con buena actitud, que ella debía pertenecer al género de las jóvenes placenteras.

—Tome asiento— prosiguió ella, se sienta muy gravemente frente a él, ciñéndose el batín —no tardará—.

Alfonso empezó a sentir cierta vaga simpatía por ella. Observaba que se sentía intimidada; era algo inesperado.

—Sigue lloviendo, ¿verdad?—.

Alfonso empezó a reír. Pensaba que con su cara de "jefe" tenía aterrorizada a una dama demasiado hermosa, en batín, a esas horas de la mañana.

—Sí, si llueve— contestó alegremente.

Alondra levantó los ojos.

—¿Que le diré?— observó ella —me siento muy honrada de conocerle, al fin conozco a la persona que tanto admira mi padre—.

—¿Por qué?— Alfonso, con sonrisa penosa —creo que tu papá ¡exagera!—.

Alondra con ilación —pues...— enseguida realiza pausa, al escuchar pasos.

La joven volvió la cabeza, Alfonso la encontraba por momentos más extraña.

—Ya viene papá,— dijo ella —y muy apurado por su tardanza—.

Alfonso tenía que desechar decididamente todas sus ideas acerca de aquella dama.

Tuvo en sus labios la pregunta: «¿dónde trabaja?» pero se contuvo.

Esa curiosidad era natural en él, si algo le llamaba la atención, investigaba, hasta satisfacer su instinto.

Ambos se pusieron en pie, al acercarse el bibliotecario. —¡listo!— murmuro. Salieron de su casa y se dirigieron al instituto.

El trabajo era constante en la oficina, sobre su escritorio se apilaban los documentos que había que revisarlos antes de abandonar la oficina.

Llegada la tarde, encontraba más placer porque circulaba menos gente por las oficinas. Le gustaban mucho esos momentos.

Decidió salir un poco, invitó a Raúl a visitar el almacén donde se esperaba el arribo de motores defectuosos para su reparación en el taller de mecánica.

Llegaron con el jefe de almacén. Allí estaba como siempre, con el vientre abultado, el delantal y los bigotes ralos, imitando a los de una morsa.

Este preguntó «si había confirmado, la llegada de los motores» contesto que sí, que hoy le llegaban.

Luego volvieron a su trabajo.

Era un sábado, pero tenía que obtener información sobre tornos que empleaban rayos láser para precisión de cortes finos y exactos para piezas de laboratorio.

Se dirigió a la biblioteca, tal vez podría trabajar con el doctor Angulo por la tarde.

Angulo acogió su proposición con entusiasmo, compiló toda la información posible acumulándola sobre la mesa de trabajo y empezaron a ordenarla.

En cierto momento Alfonso observa a su entusiasmado bibliotecario de piel muy blanca y el rostro ligeramente barroso, pensó por un momento que la madre de Alondra debió ser muy bella, para contrarrestar la vulgaridad de aquella cara.

—¿Cómo está su hija?— le pregunta Alfonso.

—¿Cómo puedo saberlo?— replicó Angulo, con voz queda.

—No me habla; no me cuenta nada—.

—Es profesora de cerámica en la Escuela de Artes. Siempre ha tenido predilección por las cosas que no sirven para nada—.

—¿No vive con usted?—.

—No— contestó, ordenando los documentos.

—Alondra se independizó cuando se marchó a Alemania, a la universidad, luego solo me visita unos días, supongo que está en veces interesada en saber cómo estoy—.

—Es reservada, ¿no lo sé?—.

Dijo con otro hilo de voz, y a Alfonso le pareció que el doctor menguaba al otro lado de la mesa.

—En eso se parece mucho a su finada madre... el dinero le importa poco, si es que le importa algo—.

—A veces creo que le habría gustado nacer pobre—.

Alfonso no supo distinguir si en las palabras del bibliotecario había orgullo o incomprensión.

—No tiene aspecto de pobre— repuso Alfonso, sonriendo.

El doctor entre los documentos extrae uno de ellos que ya había identificado desde antes, pero no le encontraba.

—Mira, este torno es muy interesante, solo es construido sobre pedido, sus navajas de corte son de diamante puro, su sistema de enfriamiento es de un líquido que se recicla, cae y va bañando la navaja de corte, este se va acumulando abajo y se vuelve a enviar al depósito superior—.

—Este líquido solo ellos lo producen, y no se ha podido saber de qué está compuesto—.

—Es hermosa, ¿verdad?— pregunta Angulo, sonriendo enfático.

Alfonso no se extravió; la pregunta fue de personaje femenino.

—¡Naturalmente!— repuso Alfonso, cortésmente.

—Bien, doctor Angulo; esto es lo que buscamos ¿a ver qué te parece? Enviaremos esta información ...—.

—Así, así, de ¡ya! ...—.

Habían pasado algunas semanas. Alondra en su departamento terminaba de colgar la copia de una pintura. *Medea, 1889 Birkenhead de Evelyn de Morgan.*

Visiblemente de buen humor, haciendo con ella misma, proyectos complicados.

Luego se dirigió a su ropero, solo hundió su brazo en la cueva, con su mano tomó el primer gancho que tocó y sustrajo "cualquier prenda". Gozaba de este ejercicio. Sabía de sus proporciones de sirena, atentaba siempre contra la estética.

Sin temor, sabía que todo lo que cayera sobre su cuerpo se le acomodaba y armonizaba con la naturaleza.

Se dirigió hacia la puerta de salida, formulando planes para el día, escuchó que la lluvia empezaba a arreciar, haciendo acto de presencia con sus audibles tonos de; "gotas - para - mojar".

Se dio media vuelta y recogió su paraguas, sin acordarse absolutamente de Alfonso.

Sale, la lluvia continúa, levanta su brazo para llamar un libre, y un automóvil tipo trasatlántico se detuvo ante ella.

Alfonso deslizó en automático la ventana del copiloto hacia abajo.

—¿Puedo llevarla a alguna parte? me dirigía al trabajo—.

Estaba claro que llevaba quien sabe cuánto tiempo esperando, pero su disimulo estimuló de alegría a Alondra.

Montó cómodamente, con tan buen espacio le parecía "alcoba ambulante" —sonrió—.

—Voy al Centro, California—.

—Te llevará buen tiempo realizar tus actividades—.

—Sí, lo sé— afirmó ella —estoy de buen humor, porque se han resuelto varias esperas, sobre todo económicas, se han ido acomodando, resolviendo y desapareciendo—.

Los limpiaparabrisas atendían el cristal con eficiencia, se sentía segura, maravillosamente alegre, con aquel señor desconocido, visiblemente seducido, que conducía hábilmente y en la dirección correcta hacia la línea divisoria, "la frontera".

—Quiero invitarla a comer conmigo, ¿podrá?—.

«Todavía no» pensó.

Alfonso hablaba, sin mirarla. Ella sintió un pánico momentáneo.

No le conocía, sentía que habría que extender más los temas de conversación, hacerle preguntas acerca de sí mismo, de su vida, a donde quería llegar, aceptar una nueva existencia.

—Estos días no puedo;— respondió Alondra —tengo algunos pendientes, están agendados y no deseo quedar mal—.

—Bien— repuso Alfonso.

No insistió. Alondra le observaba: se percataba de su alta

estatura, que llenaba todo el espacio del chofer.

En la manga de su camisa faltaban algunos botones por embonar en los ojales. «mujer, no lo atiende», pensó.

Sintiendo, durante un segundo, ganas de ocuparse de ello.

Alfonso era de la clase de hombres capaces de inspirar sentimientos afectuosos, de acercarse; para una mujer de su temple.

—Aquí está bien— dijo ella.

Él se bajó sin decir palabra, le dio la vuelta al auto, amablemente le abrió la portezuela, mantenía su aspecto tenaz y melancólico.

—Muchas gracias—.

Alondra dio algunos pasos hacia la frontera, volviéndose luego. Alfonso la miraba, inmóvil.

Capítulo XV

15. Maestro en Universidad 1965.

Alfonso se retardó en su llegada a su oficina, encontrar estacionamiento era una de sus consecuencias, así que rodeó la escuela y entró por el almacén.

Entró a toda prisa a su oficina. La secretaria Margarita le dedicó una mirada entre escéptica y alerta.

Después de tantos años de compañeros de trabajo, en los límites de manejar información confidencial y sin evitar enterarse de sus vidas o movimientos personales.

Alfonso saluda enfáticamente, con el tono habitual en do mayor que se escuchaba en el último rincón de las oficinas y se sentó ante su escritorio, Margarita llega rápidamente, tiende una servilleta y deja encima su tasa de café, humeante y negro.

Conocía bien sus distracciones favoritas, pero esta vez se traía algo entre manos, diferente… —"mujer"— pensó.

Difícilmente se equivocaba.

—Tiene varias llamadas, una de México, dos de Puebla, y tres veces la misma persona, aquí, local—.

—Bien, vaya transfiriéndomelas, por favor y confírmame la cita de hoy—.

Tenía cita en CETYS Universidad, compila toda la información posible y en orden, dos eran sus propósitos.

Formar parte de la planta de maestros CETYS Universidad impartiendo Tecnología y Talleres a la primera generación de ingenieros industriales.

Ingenioso intercambió; los alumnos realizan prácticas en los talleres de su institución, vínculos prácticos de conocimiento, del funcionamiento de la educación, y las perspectivas generosas del oficio a nivel técnico.

El otro propósito, mantener la hermandad educativa. Conciliar los eslabones educativos en nivel tecnológico, universitario, y secretaría de educación.

Hermandados, dónde los beneficios recaían en los jóvenes, en la fuerza de trabajo, en el progreso.

Alfonso visita a Alondra en su lugar de trabajo.

El centro de la explanada del edificio de dos pisos se usa como área de trabajo, el techo con grandes domos.

Permitiendo a los estudiantes definir los acabados que informan las sombras, mientras moldean su trabajo.

Decide escalar al segundo piso y desde arriba poder observar, maestra y alumnos.

La miraba desde hacía buen tiempo, no usaba el barandal para apoyarse, era de los que no buscaban apoyo, ni descansaba las manos en las bolsas del pantalón, o escaparlas del frio, siempre de pie.

Se acercaba la hora de final de clase, baja las escaleras, se acerca a Alondra que le acompañaba también otro maestro. Esté levanta su rostro; no lo reconoce e intuye diciendo: —¿Espera Alondra, su llegada?—.

—No me espera— observó Alfonso.

Da unos pasos para ponerse enfrente de Alondra, que no se había percatado de su presencia, distraída haciendo apuntes sobre un pergamino.

Ella le miró sorprendida e invadiéndose de gusto al verlo. Él le sonrió.

—Mira— dijo él, con voz ensoñadora —de allá arriba se ven pequeñas figuras creciendo, dando luz a imágenes—.

Alondra se sintió halagada al escuchar sus palabras.

Permanecieron por un instante inmóviles, viéndose, comunicando con sentir silencioso. Sus miradas al encuentro y ardiendo el vientre.

Enseguida se escucha el timbre de fin de jornada, despertándolos de su sueño. Inicia el bullicio, todos levando anclas y despidiéndose.

—¿Desearía venir conmigo?—.

Alondra vaciló, su papá le había telefoneado diciéndole que tal vez saldría unos días por él trabajo y estos lo retuvieran.

Ella pensaba ir a comer algo en la fonda de enfrente de su escuela y hacer algunas diligencias, tenía ganas de otra cosa, quizá diferente, no de rutina.

—Quiero ir al campo— dijo ella.

—Vamos, entonces— repuso él —enfrente tengo mi auto, hay un parque aquí cerca...—.

Ella hizo un gesto de defensa. El campo, con aquel señor desconocido, juntos algunas horas...

—O a la plaza a la comida china— añadió el, tranquilizador.

Tomó su bolso; vestía muy bien. Alfonso abre la portezuela y ella se trepó, sin recordar cuando habría dicho «sí» a aquella comida.

Alfonso detuvo su carro en el restaurante, rodeó el auto para abrirle la puerta. Alondra se bajó elegantemente.

El restaurante estaba casi vacío. Alfonso se mantenía callado, ordenaron.

Alondra sentía que aquel silencio era voluntario, que Alfonso traía entre manos su plan de conversación.

Sabía que era muy inteligente y observador, lleno de ideas disimuladas, esperando el momento, dirigir la orquesta.

Durante el resto de la comida, hablaron de sus respectivas profesiones.

Alfonso siempre condescendiente, no solía hablar de su trabajo, de su filosofía, de sus pensamientos.

De hecho, en todo su largo camino no se le conoció confidente, dialogar sobre estos temas, ¡con nadie! siempre hablaba de los demás, los engrandecía.

Si entre esta, había más personas a su alrededor, se acercaba y les comenta sus dones, su capacidad, les hacía ver a los demás sus facultades como ser humano, como persona, sus habilidades las convertía en montañas.

—Te diré,— dijo Alfonso en voz baja —las esculturas hermosas son difíciles de destruir, se vuelven perpetuas, ningún pensamiento, ninguna mano se atreve a destruirlas—.

—Solo la naturaleza es la que les causa estragos, las erosiona, las quebranta, las envejece o las oculta—.

—Tú eres una hermosa escultura, la que sustituye a una mujer, la que se vuelve el centro de todas las distancias del hombre—.

—Esto es de dos— le dice Alfonso —ven; vamos a dar un paseo. Hace un hermoso día—.

Salieron juntos. Alfonso la cogió del brazo, caminaban en silencio, escuchando sus pasos y el roce de sus cuerpos, aceptando su lenguaje.

El invierno de salida, las lluvias dando su permiso y abriendo el camino a la primavera.

Las palabras de Alfonso ya se hallaban hospedadas en el corazón de Alondra.

No se sorprendió, como si supiese que él se las regalaría.

Sentía nacer en ella apego, "quiero estar a tu lado", se convertía en compañero, alguien que está a su lado recorriendo el camino de la vida, del mañana.

—¿Estás triste?— preguntó Alfonso.

Se volvió hacia él, sonriéndole sin contestar, siguieron caminando.

Hablaron poco durante el trayecto, ella agradeció a Alfonso la comida, su tiempo y le dijo que se sentiría encantada si le telefoneara.

—Gracias— dijo Alondra con voz tranquila.

Da unos pasos empujando con sus manos la puerta de entrada, se perfila a cerrar dejando un espacio para mirarlo y decirle: cuídate…

Capítulo XVI

16. Turín, Italia.

Son las diez y media, sin sueño. El cuarto está a media luz, Alfonso pensativo, abre la ventana le faltaba aire de ese que solo da tibieza al cuerpo, y deja correr la música.

La noche aprovechó la ocasión para entrar dulzona y vacilante.

Se dirige a su tornamesa semiautomática, que repitiera la misma y la misma, hasta el infinito.

Enciende, desliza el brazo y lo suelta sobre el acetato de 45 rpm.

Se sirve un whisky sobre los hielos, bebe unos tragos, extiende los brazos sobre el sofá y espera a que llegue…

'romance-larghetto' de Chopin, concierto No. uno en E menor.

Esta música le traspasaba el alma, y ponía en duda su derecho a existir.

Parecía que estaba por casualidad en todas direcciones. En veces sentía que recibía vagas señales; otras veces solo sentía un zumbido que no lo abandonaba, sin consecuencias.

Sabía que tenía sus defectos, los toleraba, los ocultaba, —defectos hermosos…— se dijo.

La sombra de la duda no intervenía, más sí; la de los pár-pados, que cerraban colgándose del sueño…

Al aproximarse a las puertas del instituto, divisó a un ex-traño que acababa justamente de bajar de su bicicleta —car-tero— pensó.

Este viendo al director, se acerca y, extrayendo de su mo-chila, dijo: —¿Es usted el director Alfonso?— Alfonso respon-dió: —dígame— y el mensajero le extendió un pequeño sobre.

Toma el abrecartas de plata con forma de espada española, lo abrió el subdirector que se encontraba en su oficina, espe-rando su llegada y después de leer las breves líneas se queda boquiabierto al leer el contenido.

Lo pasa con mano temblorosa a Alfonso, diciendo: —será mejor que te sientes y la leas, envía la organización internacio-nal del trabajo—.

Le otorgaban una beca de estudios en Turín, Italia. En el centro internacional de perfeccionamiento profesional - ITCILO.

El sub director observó a Alfonso, que miraba por la ven-tana con una vaga sonrisa.

El sol había desaparecido y, amontonadas en el lejano horizonte, se veían nubes blancas y grises, purpureas y negras.

Alfonso dio varios golpes leves con el sobre sobre el escritorio —el ocaso se ha oscurecido— dijo.

—Yo me voy a divertir, pero a ti te queda doble tarea, tendrás que acompañarte de sub director interino que te aligere la carga. ¿A quién sugieres?—.

—Me has atrapado— afirmando reticente, el sub director Raúl —sin dudar, acudiré al doctor Angulo—.

—Bien, ustedes son muy buenos, los mejores— le expresa Alfonso —la bitácora, los pendientes y las órdenes de trabajo están en este escritorio y una copia ya agendada la tiene mi secretaria—.

El subdirector se ruborizó, algo turbado. No estaba acostumbrado a los halagos.

Tampoco desconocía la cautela de Alfonso para asignar direcciones y responsabilidades.

El viaje ya estaba programado, la salida seria por la mañana, al siguiente día.

Tenía muy poco tiempo, se apresuró con los detalles, documentación, permisos, direcciones, anunciar ausencia.

Su secretaria con bitácora adelantada y ordenada, todo en su maletín, Alfonso, solo tenía que hacer maletas, esperar a su chofer por la mañana y lo dejará en el aeropuerto.

Sale de su oficina, se dirige directamente al departamento de Alondra, dentro de su entusiasmo en un lugar muy especial de su mente guardaba la imagen de ella.

Se asombraba de los segundos en que no estaba ocupado, corría inmediatamente a velocidad de la luz, para traer su imagen, "aquí estoy a tu lado".

Se estaciona frente a su departamento, no terminaba de cerrar su puerta, cuando se abre la de Alondra, con su sonrisa fresca y su paso tenue a su encuentro.

—Hacía tiempo te esperaba— dijo Alondra emocionada.

Alfonso miró a Alondra.

—¿de verdad? —.

—Si de verdad…— afirmo ella.

—Alondra no quiero que te alarmes, voy a ausentarme por un tiempo—.

—Me otorgaron una beca, que hacía tiempo estaba detrás de ella—.

—Hoy por la mañana me ha llegado el avisó, salgo mañana por la mañana, he venido a comunicártelo—.

—Deseo que lo tomes como yo lo deseo, esta oportunidad me va fortalecer y engrandecer, pero también me va a acercar más a ti, y no te voy a fallar—.

—¿Quiero saber si estás de acuerdo, si cuento contigo, si cuentas conmigo?— preguntó él.

—Claro que, si…, yo…

Estaba muy cerca de ella, pensó Alondra; demasiado. Aquello era una locura… y besó a Alfonso.

Sobre ellos, sopla el viento, descubriéndoles la cara, en ella su cabello excitado remolineando sobre su rostro. Alfonso le cubría la cara de besos; ella respiraba, aturdida, sintiendo su olor, aquella boca cálida y el frescor nocturno. Se separó de él sin hablar.

Alfonso, la miró con admiración, tenía un motivo, bastaba con la intención, la imaginación, la posibilidad de quererla de amarla.

—Regresaré— sostuvo Alfonso.

El enorme administrador de la educación, alzó al filo de sus pómulos hacia el cielo y se marchó en silencio.

Alondra cerró la puerta tras de ella, recargando su cuerpo para tomar aire.

Se dirige a su habitación; luego cayó sobre la sábana, y se deslizó después hasta el suelo.

Volvió a apoyar la cabeza sobre el respaldo de su cama y cerró los ojos.

—Él la amaba, sin duda…

17. Objetivo CILO.

Su vuelo llega muy temprano a Milán, con un sol encantador, con una niebla ligera que promete buen tiempo para todo el día.

Anuncian por el sonido local que lo esperan por la puerta dos, donde aborda autobús con grandes ventanales, y apreciar el elegante recorrido hacia CILO.

Tomando camino por la *Vía Corso Cesenza y pasar Piazza Castello*, luego dirigiéndose hacia el Oeste se toma la *Vía Lorenteggio* pasando *Piazza Pietro Frattini*, para luego entrar a la ciudad de Turín.

—Por supuesto, que los conoceré— pensó. Hasta llegar a ITCILO ubicada hacia el Este por *Viale Maestri del Lavoro* y al Oeste por el *Rio Torino de TO y Rio Sangone*.

Hizo su primera visita al *Museo Nazionale Della Montagna "Duca degli Abruzzi"* sorprendiéndole la pintura *El Rey Moro de Gaudenzio Ferrari*. —¿Falta de proporciones, de perspectiva?— resuelve inquieto. No hubiera sabido decirlo, pero algo le molestaba, incomodaba, ¿qué se yo? ¿qué hacia el negro allí…?

¿vaya usted a saber?

Se recogió un instante sobre la pared, arreglada por arriba con grandes ventanales.

Una luz rubia, caía sobre los vidrios, manchando los cuadros.

De los cuadros sintió que salían las miradas de pares de ojos a su paso, otros de soslayo, otros que lo ignoraban totalmente ocupados en vigilar a los otros pintados y que no se movieran de sus lugares.

En verdad que el arte acumulado en un solo lugar, es poderoso, te dominaba, miles de historias acomodadas ofreciendo de todo, expresiones de la humanidad en paredes y pasillos, ¡te agotan! es mejor no reflexionar demasiado en los pasos de la historia.

Fin a su visita y regresa a su sagrado aposento a seguir estudiando.

No podía faltar visitar Interporto SITO, una de las razones para justificar su tiempo libre en ese formidable país industrial, sofisticado, inteligente, con construcciones modernas.

SITO es titulado así:

"Medidas en favor de la creación de infraestructura para la transformación de mercancías y el intercambio entre sistemas de transporte".

Observaba desde la ventanilla del avión, el piso de las nubes, sin estorbar, sin tropezarse, luego espacios limpios donde la vista no se detenía y no podía definir sus límites.

Con una sola caída, sin tener de dónde agarrarse, —pensaba— entre hombre y naturaleza, nunca se sabe, solo puedo entender que mañana: moverse, comunicarse, pensar, vivir, será siempre diferente, siempre habrá sorpresas, lo importante es aceptarlo y adaptarse.

Le causaba muy grande admiración el contemplar cuan largo espacio de tiempo había pasado desde que comenzó a enfervorizarse en el estudio de la formación de los individuos dentro de las estructuras sociales, activarlos en la participación.

Sabía que, para él, lograr estos propósitos implicaban abandonar las vanas esperanzas y engañosas locuras con que se fomentan la holgazanería, el poder y las codicias de los hombres.

¿Qué buscaba?

Para tener, sostener estos pensamientos.

¿la verdad? …

Favor de abrocharse los cinturones, destino de llegada: Mexicali.

Cruza la sala del aeropuerto hacia la salida, sobre su brazo izquierdo tendida una hermosa gabardina de corte italiano, sujetando por la mano su maletín de trabajo y en la otra su equipaje.

Se acerca a las puertas, cuando ve venir hacia él, al doctor Angulo.

Alfonso empezó a preocuparse e inquieto al verlo le dice:

—esperaba atendiera el chofer de la escuela, ¿le pasó algo?—.

Angulo, —¡oh, no! nada de eso, no te preocupes, creo mereces una explicación, que espero: ¡no cueste mi empleo!— sonriendo apenado.

Alfonso, presintiendo e inquisitivo: —¿vienes soló?— preguntó.

—No,— le dijo —mi hija te está buscando en la sala de equipaje, apreció que sería el primer lugar donde te encontraría—.

—No tardará en dar con nosotros, permíteme ayudarte— se inclina para tomar su equipaje, le dice: (en un tono más bien bajó) —Alondra me pidió que solo ella y yo viniéramos por ti, y envió a tu chofer al cine—.

Alfonso se rio interesado. Empezó a buscarla, se estaba tardando, no aparecía… se da medio giro.

La observa como siempre, con su paso tenue, llena de luz. Alondra le sonrió, y él se sintió súbitamente invadido por tan gran sentimiento de plenitud.

No importaba que pudiera suceder; si es por ella, todo vale la pena.

Alondra se detiene, le había echado verdaderamente de menos, se miraban a unos metros el uno del otro, y antes de que ella volviera a la realidad, a la extremidad de su conciencia, Alfonso avanzó y la cogió entre sus brazos.

La sostenía contra él, sin estrecharla, contenido el aliento, poseído de gran calma. Apoyaba la mejilla contra su frente, cuando en su mirada se encontró con la de su papá, condescendiente, que no podía ocultar su alegría de ver a su hija feliz.

—Aquí estoy, soy yo…— le dice Alondra.

Ella respiraba el olor de su camisa, de su cuello, no quería moverse. El retorno de Alfonso le producía inesperado alivio, «sí, podré verte siempre».

—¿Cómo estás?— preguntó Alfonso por encima de ella.

—Yo— dijo Alondra —¡oh! Mexicali no es muy alegre en este tiempo,— añadió, intentando dar un tono natural a la conversación —los alumnos han hecho unos trabajos esplendidos—.

Al mismo tiempo, pensaba que era inútil hablar de aquella manera entre sus brazos; pero no deseaba moverse.

Sentía sus labios que rozaban sus sienes. Dejó de hablar, apoyando algo más la frente en su hombro.

—Vamos;— repuso Alfonso —tengo muchas cosas que platicarte—.

Le pide las llaves de su trasatlántico al doctor, acomoda su maletín en la cajuela, abre la portezuela del copiloto, haciendo una reverencia, extendiendo su brazo e invitando a su dama le dice: —su majestad… —.

—Por favor doctor,— indicándole, que tome el asiento trasero, rodea su auto arrojando su maletín de trabajó, en medio del asiento, se trepa y se pone en marcha rumbo a la ciudad.

Le pide a Alondra, que le proporcione la carpeta que viene en su maletín. (carpeta con trabajo transcrito en máquina de escribir, que inició desde que llegó al centro de formación en Turín).

Toma la carpeta y pasa su brazo hacia atrás sobre el asiento, entregándola al doctor Angulo.

—Tenemos trabajo— le dice —hay mucho que hacer—.

Deja al doctor en su institución. Antes de bajar le observa: —que te den varias copias, proporciona una a Raúl el subdirector, mañana 7:00 am en la sala de juntas, los espero. Y gracias—.

Reanuda la marcha sin hablar. Ella observa como toma camino a la frontera tarareando una canción que no lograba identificar; decide iniciar el dialogó estableciendo la comunicación en forma figurada de desconcierto.

Alondra frunció el ceño, agotándole mentalmente todas las posibilidades, volteando hacia él le dice:

—Creo que necesitaré del apoyo del Estado Mayor; me parece que esto es un secuestro, ¿informaste a papá de tus intenciones?— preguntó.

—Sí; se suponía que está informado— observó Alfonso.

—Pensé que solo era un paseo— repuso ella, arrastrando la voz.

Ella simulando sobresaltada. Alfonso seguía con la mirada sobre la carretera.

—Esto pasó de algo que no sabía, a un secuestro, ¿y ahora me estás diciendo que estamos informados?—.

—Está funcionando, considérate informada—.

La cámara del auto se tornó silenciosa por unos segundos y de pronto al unisonó, ambos soltaron la carcajada. Estaban de muy buen humor, alegres.

Segundos después, reanudaron su diálogo de personas tranquilas. Su viaje terminaba en el mismo tono.

Tenía ante ella aquel rostro incansable, ya amado, quería saber si comprendía que buscaba en ella, para no dudar en continuar a su lado con la desenvoltura, la gracia que él esperaba de ella.

Si la vida consistía en amar y ser amado, lo bastante para ser feliz, si necesario fuera, renunciar al pasado.

Alfonso se estaciona frente a una nevería, arriba con un

anuncio de color pastel "31 Sabores".

—Ven— le pide —abriendo su portezuela, le toma de la mano, para que se apoye. —cuando pienses en una nieve deliciosa, este es el lugar—.

De nuevo toman camino y se dirigen a un parque con una laguna.

El aire se deslizaba encima haciéndola brillar, inoportuna y cambiante. Cerca de ella, Alfonso callaba, Alondra esperaba.

Alondra lucía un vestido escotado, se veía encantadora. En veces, Alfonso recortaba sus pasos para estar detrás y contemplar su espalda, ¿no sabes quién es? ¿no la reconoces? rápidamente le buscaba la cara para confirmar que no se ha marchado. «tú eres quién yo espero», ella se volvió hacia él y sonrió.

Sí, algo sucedía entre ellos; lo sabían.

—Alfonso— murmuró ella con voz febril.

Él se inclinó para besarla suavemente en los labios. Ambos cerraron sus ojos, adentro de sus parpados recorrían brillos, manchas infinitas.

En veces sus miradas buscaban escapar, con reflejos y brillos, sus pupilas se agrandan desmesuradamente, buscando el rincón a media luz, con fuego discreto quemándoles los labios.

De nuevo ella se separó de el sin hablar.

Esta vez, solo él era dueño de lo que sucediera.

Grabaron a fuego en sus memorias lo que sus manos tocaron, acariciaron, aquellas miradas, las travesuras que se dedicaron esa noche recorriendo sus cuerpos, sedientos, enternecidos, atentos.

Sin moverse, se pasaron velándose el sueño uno al otro.

Antes del alba, Alfonso abrió sus ojos, sobre su hombro reposando la cabeza de Alondra. Alondra tampoco dormía.

Se limitó a tenerla junto a sí, apoyando su brazo en la figura de su cuerpo, inmóvil, escuchando el ritmo de su respiración, buscando igualarla con la de ella. «"amore, amore..."» pensaba vagamente.

Alfonso dio un vistazo hacia su reloj, marcaba 4:25 am, se levanta, voltea a ver a su majestad, Alondra rápidamente jugueteando se ocultaba instintivamente entre las sábanas, la primera mirada de una unión.

Alfonso rió, con su voz tranquila le dice: —me daré un baño; debemos regresar temprano—.

—Huelo a ti;— dulcemente protestando, —y esto, me lo quiero llevar, ¿tienes algún inconveniente?—.

—No, por supuesto que no;— contestó un segundo después, con voz neutra.

Capítulo XVIII

18. Talleres y Laboratorios.

Alfonso se incorpora como profesor al CEBATIS 21 en el estudio Socio Económico de Actividades Tecnológicas.

En marzo 1967 es designado por el doctor Héctor M. coordinador de talleres y laboratorios.

Septiembre 1969 en compañía del Sr. Fuller US-CODAF en California es comisionado coordinador del Comité México-Americano para el desarrollo de la amistad fronteriza.

Programa que inicia el intercambio de profesores y alumnos para el desarrollo de habilidades y destrezas en el área tecnológica de influencia.

En el momento en que se toma conciencia real
de la importancia de la formación
en la historia de la educación,
es cuando se insinúa adquirir la sensibilidad,
de la transformación de la sociedad,
y a enfrentarse a sus enormes vicisitudes,
las desconocidas leyes irracionales del hombre.

1969 -Organiza y constituye el Patronato CECATI No. 21, de SC. Su desempeño un ejemplo de vinculación entre el sistema educativo de Baja California y del Sector Productivo.

1970 -Coordina el programa "Escuela – Empresa" fronteras Tijuana – Ciudad Juárez. Involucrando rápidamente Escuelas Secundarias Técnicas, Centros Científicos y Tecnológicos e Institutos Tecnológicos Regionales.

La noche se encontraba calurosa, la humedad se apoderaba de todos los espacios libres. O se colaba en los pulmones del que anduviese deambulando por las calles.

Los largos arbotantes brillaban del sudor que se condensaba sobre sus paredes, los grillos saltando impacientes, escapando de los depredadores nocturnos.

Tras caminar varios kilómetros, Hamzda, joven entre los catorce años, con el hambre retrasada, las ropas delgadas erosionadas por el viento y el sol, llega al CECATI No. 21, el reloj marca 10:20 PM.

A las primeras horas del siguiente día iniciaban las inscripciones, deseaba ser el primero en la fila, el primero en inscribirse.

No tenía idea en que forma lo lograría, ¿ni con qué? solo le acompañaba su carpeta, algo manchada con las marcas del sudor de su mano.

Adentro sus papeles personales, cuidándolos con infinito amor y recelo, protegidos con una bolsa de plástico.

No eran muchos: acta de nacimiento, certificado de primaria.

En las bolsas del pantalón repartidas sus monedas para casos de emergencia, si se le perdía alguna de las monedas, no se le perderían todas.

No había que poner todos los huevos de oro en una sola canasta, tampoco no eran muchas: dos pesos en una, tres pesos en la otra, un peso en la bolsa izquierda de atrás, y nada; cero en la siguiente.

Y así, como no hay servicio de hotelería, se complace sentándose en el piso, recargándose sobre la verja de entrada.

Esperar a que termine la noche, llegue el siguiente día y la siguiente ola de personas de todas las edades para su inscripción no se hizo esperar.

Llegada la hora. La fila de espera atrás de él rodeaba toda la escuela.

A tempranas horas va arribando el personal, en la verja de la escuela está el guardia que controla y da acceso a todo el personal.

Hamzda estaba interesado en saber quién era el director, verlo físicamente, verle la cara, su manera de ver, de caminar, darse una idea para más o menos calcular que tanto podría avanzar, que tan pronto tendría éxito o sería tardado.

¡Arrancan! se abren las puertas para su inscripción, en fila se dan algunos pasos para ingresar a las oficinas.

Entrando les espera un largo mostrador con sus secretarias para atención, revisión y direccionar el taller de oficio elegido.

Al fondo del lado izquierdo el escritorio del sub director. El área restante ocupada por el personal que selecciona, inscribe, archiva, asigna números de matrícula, genera listas por taller, comprobantes de inscripción.

Del lado derecho, la oficina del director con dos puertas de acceso, abiertas de par en par.

La primera con acceso hacia su escritorio, con asientos de espera en ambos lados de la puerta, acomodados sobre la pared enfrente de él.

Aparte enfrente de su escritorio un par de sillas. La otra puerta con acceso al personal secretariado y su secretaria principal.

Le aborda la primera secretaria con amable sonrisa.

—Buenos días, ¿en qué taller le vamos a inscribir?— le pregunta amablemente.

Hamzda, no viene preparado, no sabía por dónde empezar.

Se sintió acorralado, voltea hacia los lados, sonrojado, como queriendo ser más discreto al dar su respuesta.

Pensaba que estaba fuera de lugar. Febril da unos acomodos a su carpeta sobre el mostrador: derecha-izquierda, izquierda-derecha… voltea a ver a los ojos a la secretaria.

—¿Puedo hablar con el director?— le pregunta.

Ella contrariada por no recibir la respuesta esperada, levanta levemente su ceja viendo de soslayo hacia oficina de director.

Toma los documentos —espéreme un minuto por favor, le informaré al director— le dice la secretaria.

Se da media vuelta y rodea su área para entrar por la puerta de acceso a la oficina del director.

Hamzda la sigue con sus ojos.

Alfonso se encontraba elaborando documentos, contestando el teléfono, arrojando documentos para un lado y para otro.

Daba instrucciones para Margarita su secretaria, que se encontraba por fuera y a un lado de su oficina. Pero con su voz emitiéndola en tonos de Do mayor se le escuchaba hasta en el taller de soldadura, que se encontraba a sesenta metros.

Abría y cerraba gavetas, ¡todo a la vez! Hamzda parado sobre el mostrador, podía ver los escenarios: de las oficinas de recepción, secretarias, oficina del director, el pasillo de afuera con la puerta de cristal se podía ver lo que acontecía en los pasillos.

La secretaria que lo atendió se para a un lado del escritorio de Alfonso, da un monologo. Alfonso la escucha.

—¡Pásele joven!— exclama.

La secretaria se retira.

Hamzda, con paso cuidadoso, poco asustado, se acerca a la puerta, da otros pasos para entrar.

—Dame unos minutos, ahora te atiendo,— le dice —siéntate, por favor, espérame ahí— indicándole elevando el mentón, con los ojos apuntando hacia el mueble de la pared.

Para Hamzda, todo era nuevo, todo era maravilla, no se había enterado de que el mundo funcionaba así, la gente estaba al día, el jefe da órdenes, quita, pone, sale, entra.

Debía sentirse bonito, estar sentado allí, como él: no me gusta, si me gusta, quítate que hay te voy…

De pronto sintió que su aspiración a electricista era muy poca; ¡limitada!

Era lo que aspiraba hasta ese momento, el oficio de electricista. Siempre tenía la idea de continuar estudiando, pero por motivos de… piedras, esperaba…, ¿no sabía qué? pero esperaba.

Pero bueno; por algo había que empezar. Consiente estaba que aprender de este oficio le daría de comer, sobrevivir. Le permitiría regresar de nuevo a estudiar.

Alfonso como era su costumbre, era una maraña de movimientos, entradas y salidas, se paraba, se sentaba, la secretaria: —línea cuatro—, —línea dos—, documentos se llevaba, se traía, ausencias larguísimas.

Cuando lograba, ver a Hamzda, —¡ahí voy! ¡ahí voy! ya me desocupo, no te vayas.

Hamzda, ahí, sentado de vez en vez, dirigía la vista al reloj de pared: tres y media. Recordó aquella queja de la espera: "Y nos dieron las diez y las once, y la una y las dos y las tres…" —sonríe—.

Finalmente llega Alfonso, acompañado de la secretaria que originalmente le atendió y Margarita su secretaria, se paran junto a su escritorio.

Alfonso arroja una carpeta sobre el escritorio, «Hamzda, reconoció su carpeta, con sus documentos» toma asiento dirigiendo la vista hacia Hamzda.

—¿Ya comiste, Hamzda?— le pregunta.

—Sí— le contesta.

—¿Qué comiste?— se sorprendió Alfonso.

—Lo mismo que usted— responde.

Alfonso, se hace una retrospección mental… ¿qué comí?

Al verse emboscado con la respuesta, le observa, —sonríe—.

—Vamos ir a comer, no te preocupes, ¡yo invito! dime hijo, ¿quieres hablar conmigo? ¿en qué te puedo ayudar?

«dime hijo». Hamzda, al escuchar aquellas palabras, se le doblo el alma. Tenía siglos y siglos que no le hablaban así.

Se le humedecieron los ojos, se llevó la mano a la boca y se empezó a hacer ligeros pliegues en los labios, tomo aire, se recuperó pronto para poder hablar, se puso de pié, dió unos pasos para acercarse al escritorio y estar cerca de sus documentos.

—Quiero inscribirme en electricidad,— dirigiéndose a Alfonso —pero no tengo un centavo para pagar la inscripción, tampoco la bata de uniforme—.

—Si usted me da oportunidad, en los primeros meses que vaya aprendiendo el oficio con lo que vaya ganando, vengo a pagarle la deuda. Solo deme oportunidad de que me enseñen—.

Alfonso, serio, pensativo, con tranquilidad le pide a la secretaria que le pase la forma de inscripción, para él mismo llenarla.

Va pidiendo a Hamzda sus datos personales y llenando la forma.

—¿Nombre de tu papá, de tu mamá, o de tutor? para que se lo lleves y firme—.

—No tengo, no tengo a nadie— contesta Hamzda —ahí fírmele usted, si no le causa problemas—.

Alfonso, en silencio firma de tutor. Le adjunta sus documentos, se los entrega a la secretaria.

Se dirige a Margarita y le dice: —Que se inscriba en los talleres que quiera, que le entreguen su bata, que tome lo que necesite y que me lo cuiden de mi parte—.

—Levante un memo,— agregó determinante —que se sepa en toda la escuela—.

—Vamos hijo, debes traer hambre, igual que yo—.

Hamzda, se monta en su carro, contento. Tenía muchas ganas de abrazarlo y decirle lo que significaba para él su bondad y su ayuda, pero se contuvo. Pensó: —todavía no, esto lo tengo que hacer cuando cumpla mi palabra—.

Esta integración que hicieron dos personas, no terminaba allí.

Ni la imaginación se enteraba que el camino será largo y muchas veces se servirían de compañía, de ejemplo, de llegar a otros destinos, de tener la posibilidad de otros alcances: tocarlos, tenerlos cerca, hasta violarlos. ¿quién sabe? todo es relativo.

***

1971-1972 CECATI No. 6 de Tijuana se crea con el estudio Socio-Económico realizado por Alfonso y con el apoyo de la creación del Patronato.

Capítulo XIX

19. La vida sigue.

Alfonso se movía con días turbulentos, interminables. Atrapado entre los tiempos, pensaba que era divertido cuando todos escuchaban el final del día y se alejaban, sonreía.

Pero no había soledad. Quizá porque esperaba algo, o tan solo de un lugar donde poder olvidar, por un instante, lo que vendría después.

Púsose entonces a trabajar de nuevo, más se encontraba distraído y sentía una inquietud interior que le impedía alcanzar una concentración verdadera; espontáneamente se presentaba en su espíritu pensamientos relacionados con Alondra.

Por fin, dejo los papeles encima, se metió en un bolsillo un paquete de cigarrillos y salió.

Tomó su auto sin rumbo, en su trayecto observa el teatro y detrás un parque, se estaciona.

Toma el aire libre con paso lento e indeciso. «quizá tenía alguien cerca». Arriba en algunos pedazos de cielo amenazaban con ponerse gris, los árboles mecidos y las nubes se alejaban empujadas por el viento.

Se puso entonces a vagar por el parque, contempló distraídamente los pardos senderos que lo atravesaban en los que a veces se percibían manchas de luz solar que habían logrado atravesar el follaje, y observó con cierto interés las copas de algunos castaños de Indias, —sonrió— entre cuyo denso y sombreado follaje apuntaban ya alegres y claros los botones.

Aquí en esta ciudad de Mexicali su gente intenta de todo —pensó—. Busco entonces una cabina telefónica. Varias veces hablaba por teléfono, la mayoría le enviaban al buzón, pero no le agradaba dialogar con una maquinita en el limbo, colgaba.

La voz de Alondra cambiaba, la sentía cada vez más lejana. La echaba de menos, sí, pero no cuadraban las últimas veces que se veían. Marca.

Esta vez le contesta, le anunció que iría a verla. Se produjo un silencio.

—Tengo que verte— dijo ella después, con acento determinante.

Alfonso no hizo preguntas, limitándose a convenir un encuentro con ella, al día siguiente.

—¿Dónde estás?— preguntó Alondra.

—En el parque, descubriendo árboles—.

—¡Ah! está bien— dijo Alondra.

El silencio se acercó de nuevo. Después ella añadió, secamente:

—Voy con mi médico particular—.

—¡Ah! está bien—.

—Solo sabemos decir: «¡ah! está bien…»— pensó Alondra, inquieta con la conversación.

—Estaré en su consultorio en unos veinte minutos más— agrega —no sé cuánto me vaya a tardar con el médico—.

—Iré a recoger algunos uniformes— dijo Alfonso, hablando rápidamente —y luego iré a la tienda del "Army" en Calexico, para comprar el "sleeping bag" de soldado muerto que te gustó—.

Durante un segundo Alondra sintió ganas de reír, era muy propia de Alfonso aquella manera de encadenar dos frases.

—¡Te acordaste! pensé que no te dabas por enterado cuando lo vi—. Al mismo tiempo, buscaba algún argumento serio para disuadirle, tenía que salir al consultorio. Se llevó arrastrado de su conexión el teléfono, hacia el tocador.

—Sí;— repuso Alfonso —te brillaban los ojos, palpando la blandura y su tibieza, por su relleno de pluma de ganso—.

—Ya hablaremos de eso— observó ella.

—Te amo— dijo Alfonso, antes de colgar.

Alondra se pasó maquinalmente el peine delante del espejo del tocador. Enfrente de ella había una cara a quien alguien había dicho: «te amo». Se miró halagada, pensativa.

Tenían varios días sin verse, sabía de su comportamiento hacia él. Llegaría y le haría preguntas, y ella no podía dejar de sentir hacia él un sentimiento de culpabilidad.

Al día siguiente muy temprano Alfonso se dirige al departamento de Alondra, toca a la puerta —está abierto, ¡pásale!—.

Ella se encontraba sentada en su silla, en la mesa del comedor, sobre la mesa con varios carretes de hilo, con manos hábiles tejiendo.

Alfonso se extrañó, vestía diferente.

—¿Algo, no está bien?— pregunta Alfonso.

—¿Por qué? ¡ah! ¿lo dices por mi nuevo vestido? no; solo son cambios. Como tú sueles decir: mañana será siempre diferente—.

Alfonso toma una silla y se sienta a un lado de ella, con los brazos colgando sobre las rodillas abiertas.

—Hace tiempo que no nos veíamos— dijo Alfonso.

Alondra asintió, como distraídamente, pero sin evitar que débil humedad recorriera por sus ojos.

«Algún día llegarían a eso, las cosas tomarían su lugar»

Miraba a Alfonso con su cara fatigada y sus gestos extraños, con aquel aire juvenil, a pesar de su fortaleza. Alondra volvió su cabeza...

Se miraban. Alondra dejó sus agujas sobre la mesa, le latían las sienes, sentía oprimido el corazón, se escuchó a sí misma decir:

—Voy a tener un hijo. Aquí está dentro de mí, con una mano se aferra a mi corazón, nadie pensó que alguna vez me pasaría, solo yo. Podría haber pospuesto decírtelo, pero… me gustas, te amo de verdad—.

—Deseo ser clara desde el principio…así, para que no hubiese posibilidad de confusión más tarde—.

—Quiero ejercer sola la maternidad, libre y consciente. No para nuestra sociedad. Tendré asignada un estereotipo—.

—No hay, ni habrá otro hombre. Serás lo único que amo y amaré siempre—.

—No esperaré a que llegues, tendrás que tocar la puerta. Si me necesitas allí estaré—.

—Mi hijo será mi hijo, no nuestro hijo o tu hijo también; y como tal quiero que lo trates—.

—No me esperarás. Si te necesito, igual, tocaré a tu puerta, pediré tu compañía, el café, o si necesitas olvidarme—.

—Tienes tú mujer, o tus mujeres, tus hijos. Nosotras sabemos que lo más importante es tu trabajo, lo que haces—.

—Si no vives como vives, no podrás continuar. Tú no eres de los que fracasan o se rinden y te admiramos por eso—.

—Sé que me apoyarás y estarás de acuerdo conmigo—.

Hace una pausa, premeditada, tomando aire apacible.

—No sé por qué pensé que las cosas se harían más sencillas— le dice Alondra.

—Sí, todos lo pensamos— afirma Alfonso.

—Las obligaciones se acercarán;— le argumenta Alondra —me convertiré en lo que se supone que debo ser—.

—Tendré que cambiar, porque tengo que renunciar a cosas que hacía ayer, solo mis manos sabrán con que me quede—.

—Yo siempre querré saber de ti, eso me hace feliz. Como sé que tú siempre querrás saber de mi…—.

Alfonso, en silencio miraba fijamente los carretes de hilo.

—Me conoces y sabes más de mí,— le dice Alfonso —que lo que yo conozco y se de mí—.

—Soy totalmente imperfecto cuando se trata de mí—.

—Eres amado— susurró ella.

Le vio relajarse algo, se tranquilizaba: aceptaba que sentía una crisis sentimental.

Pero así era su naturaleza. Era la primera vez «preocupada, sobresaltada, pensó momentáneamente» que le había causado daño involuntariamente.

Alfonso permanecía inmóvil, con aire ausente. Ella le dirigió una pequeña sonrisa.

Alfonso se incorpora y sale.

De regreso, da unos toc, toc a la puerta, e ingresa con la bolsa de dormir.

—Disfrutarás mucho de este saco— le dice con alegre sonrisa.

—Bien, me marcho. Pues estoy obligado a continuar bajo juramento solemne—.

Se acerca a ella, le cogió la mano y le da un beso en la frente.

—Aquí estarás siempre y siempre serás amada— mientras se llevaba la mano extendida al pecho.

Cierra la puerta tras de sí y se aleja en su auto.

Partió rápidamente, no quería que le vieran que se le nublaban los ojos, y su gesto le arrancó una risita desolada.

Alondra, Alondra, … aun que era una guerrera, fuerte. Sus lágrimas redoblaron en intensidad.

No es lo mismo tener un hijo con hombre, que tener un hijo entre dos seres que se aman.

«Usando este enunciado como una propiedad semántica: Una cosa es lo que dices y otra la manera en que están las cosas».

Pero ya había tirado la llave. Pensaba así desde que llegó a Mexicali con su padre, se rentó un departamento y vivir sola, independiente.

Tal vez, le faltó ir más a los teatros, sacarles copia a las escenas, a las frases. Tal vez era la edad, el ser mujer, vacilando entre la ternura, el temor, la soledad.

Alfonso en aquella insólita hora, a los primeros sonidos del alba donde nace el día.

Bajó los planos de las etapas de su vida, de las mujeres que había amado.

¿Por qué las había amado?

El no huía de ellas, ellas huían de él.

No encontró respuestas, ni quería encontrarlas.

Se prendió un cigarrillo, le gustaba su casi desagradable pero deliciosa acritud. Sintió soledad y eso le atemorizó, no le agradaba sentir esos golpes de ánimo.

—Continuar debo— se dijo —mañana, mañana será otro día—.

QUINTA PARTE

Capítulo XX

20. El llamado.

• Las oportunidades •
Llegan por los errores y aciertos del pasado,
cuando los líderes abren los caminos,
cuando los éxitos se debilitan,
cuando los sueños nacen.

Alfonso recibe carta:

Secretaría de Educación Pública.

Dirección General de Educación en Ciencia y Tecnología del Mar.

Subsecretaría de Educación Media, Técnica y Superior.

Creación de la Dirección General de Educación Tecnológica Pesquera.

Finalidad: organizar, dirigir, administrar, desarrollar y supervisar el sistema federal de educación tecnológica pesquera.

El tiempo de llamarle se ha llegado. Tenemos una tarea para usted. Encontrará todo lo necesario para llegar a su destino, dispuesto está en su correo.

Atte. doctor Matz.

—Bien, creo que todos estamos aquí— dijo el director que dirige la asamblea —entonces debemos empezar—.

—El rubro del objetivo es: evolución con innovación—.

—El enfoque básico es el derecho a la educación— continúa director —desde todos los ámbitos se defiende la educación y podrían decirles que el único camino para proteger el derecho a la educación es la educación—.

—Solamente, que…— continúa —debemos estar seguros que golpearemos con el tono correcto, ¿doctor Matz?—.

—¿Es legal?— cuestiona doctor Matz.

—Bueno es lo que hacemos para vivir— dijo director —iremos por orden—.

—Queremos que tú tomes la dirección de la escuela en el Esquema Tecnológico Pesquero— dirigiéndose a Alfonso.

—Este es el proyecto y este es el dictado— dejando sobre su lugar dos formidables carpetas.

—Uppss…— Alfonso da un sobresalto dirigiendo sus hombros hacia atrás en reacción figurada —no estoy seguro de si debo aceptar este cargo— exclamó.

—Ellos sostienen, que en su estado Baja California no tienen otro elemento para desempeñar la dirección— afirma director.

—La Dirección Educativa nos lo arrojó a nuestra canasta.

El comité hizo una votación. Eres la elección unánime—.

—Es importante para nosotros— confirma doctor Matz.

Aquí, era la primera vez que tomaba la palabra, desde que le deslizó su tarjeta a Alfonso cuando joven, en su premiación.

Tenía grabada en su memoria aquel evento, aquel joven que prometía y que este era su momento.

Para doctor Matz era la oportunidad para el proyecto pesquero educativo que lo venía fraguando desde los tiempos del presidente Adolfo López Mateos.

Pero ninguna oportunidad es perfecta, por mucho que la memoria la deifique, ya se tenía al líder, había que esperar los resultados.

—Es importante para nuestro país— agrega doctor Matz —es importante que esto se vea como una administración justa. Justicia para la educación—.

—Bueno— repuso Alfonso con sorna —por supuesto, cuando lo exponen de esa manera, es un honor que te lo pidan—.

—Pero, doctor Matz, yo tengo la dirección de los CECATI soy técnico mecánico. He trabajado muy poco en pesca o naval—.

—Es como nado sincronizado— doctor Matz, haciendo hincapié —te distingues en la administración, en lo contable, en el trueque, en las relaciones públicas—.

—Estoy en el equipo de Educación Tecnológica— anunció Alfonso orgulloso.

—No es la cuestión— repuso doctor Matz —no eres ajeno a la Administración Educativa Alfonso, mira la situación—.

—El aparato burocrático es corrompido por direcciones impuestas o de influencia ¡públicamente!—.

—Y yo también lo estaré— manifestó Alfonso, categórico.

—Sí, y en sectores más ignorantes— le recalca doctor Matz —y es exactamente por eso que alguien tiene que hacer esto, hacerlo con habilidad—.

—No debe parecerse a nuestro sistema educativo actual, que arroja egresados perdidos y toman el primer camión—.

—¿A quién sabe dónde?—.

—Porque todavía, no saben qué hacer. O donde encuentran la misma herramienta que utilizaron en su aprendizaje—.

—Supongamos que lo hago— pregunta Alfonso, beligerante.

—¿Qué poder tengo?—.

—Bastante abrumador— responde doctor Matz.

—Tienes el puesto y tienes en respaldo el poder autónomo—.

—¡Excelente! ¡excelente!— aclama Alfonso.

—Por ese pequeño detalle, todos me odiarán. Bueno, pero al menos debo darme por perdido— (todos se ríen).

—Bueno, ¿qué piensa doctor Matz? los CECATI sufrirán, tengo trabajo allí—.

—Creo que es un deber patriótico— expone director —es una misión importante—.

—Ya lo comenté con los CECATI, Alfonso— le confirma doctor Matz.

—No pueden decir no y también te resultará difícil decir que no… creo que tienes bastante trabajo que hacer—.

Capítulo XXI

21. San Felipe, B. C.

Agosto 1972- El gobernador del *Estado de B. C., Lic. Milton Castellanos,* encarga a Alfonso la organización de etapas de arranque, en coordinación con CAPFCE de las Escuelas Tecnológicas Pesqueras. Ubicadas en San Felipe B. C., Ensenada B. C. y en Isla de Cedros B. C.

Verano mes de junio. Hamzda llegaba de trabajar de las subestaciones eléctricas en CFE de Cerro Prieto, con una compañía japonesa encargada de tirar líneas de suministro eléctrico para Tijuana.

Vivía a unas cuadras del CECATI, sobre el cerco tenía colgado letrero "Electricista – Refrigeración".

Recogía algunas de sus herramientas de trabajo, tenía pendiente realizar servicio de refrigeración con uno de sus clientes.

De pronto escucha un silbido desde afuera, llamándolo. Abre su puerta y se asoma. Reconoce a la persona, "Bule" su amigo y empleado del CECATI, se alegra y va a su encuentro.

Algo extrañado por la hora y en sus horas de trabajo.

—Le manda hablar el "Loco" González— le dice —que vaya con él; ahorita se encuentra en la escuela—.

—¿Ahorita? … ¿ahorita? …— replicó.

—Jajajaja… sí, me recalcó que no regresara sin usted—.

—Bien, deja me pongo una camisa y te acompaño— cediendo.

Llegan a la escuela, cruzan el cancel de entrada y ve a Alfonso salir de la dirección cargando con una caja.

Dentro, algunas de sus pertenencias, papeles, cuadros, chucherías… se detiene enfrente de Hamzda, deja la caja sobre el suelo.

—Me voy a la Escuela Tecnológica; necesito te encargues del departamento de mantenimiento, ¿te vas conmigo?— le pregunta Alfonso.

Para Hamzda, era toda la información que recibía, sin embargo, no dudó un instante —sí— contesta.

—Mañana 5:30 temprano— le indica Alfonso —aquí te espero, trae contigo tus documentos personales, unos cambios de ropa—.

Levanta su caja de nuevo, se dirige a su carro, se trepa y se retira.

Le mira fijamente su amigo, «que sonso» solo lo piensa…
y le dice sonriendo:

—Creo a ti también te falta un tornillo Hamzda, debes de
estar igualmente de "zafado" para aceptar irte con él, sin preguntar nada—.

Pensativo, inclinando la cabeza —razón tiene—.

—¿Qué escuela? ¿dónde? ¿5:30 am?—.

—…bueno ahí en el camino me arreglo— convenciéndose
así mismo.

—Por lo pronto, encargo mi trabajo a otro, dejo pagada la
renta, retiro mi letrero de oficio, y preparo maleta—.

—Las cosas pasan, por alguna razón— pensó.

Alfonso es asignado director de la Escuela Tecnológica Pesquera en San Felipe, B. C. Deja la dirección del CECATI No. 21 y se incorpora a esta nueva misión.

Capítulo XXII

22. "Las Llaves".

Sombras miméticas convocan a asamblea.

¿Quién sabe porque razón? parece que a alguien le pegó la luz. ¿no tienen idea que pasa? o andan en su transe neural.

—Analicemos el procedimiento de este gran estratega de la educación— inspecciona sombra uno.

—¡A mí me tiene sorprendido!—.

—Sé que tiene la solución, sin embargo, quiero gozar al máximo: las formas—.

—¡Cómo va ir llenando su escuela de personal, de maestros, de alumnos, de pescadores!—.

—¡"La Roca"!— grita desde el fondo, una de las sombras.

—Sí, principalmente algo hay de eso, mi acre amigo— le afirma.

—A ver camaradas, ¿ustedes que creen?—.

—Primero buscar ¿dónde están los mejores?— dice una.

—¡Dónde esté el bueno!— dice otra sombra.

—Hum…primero habrá que definir: ¿qué es bueno?— cuestiona sombra uno.

—Si se tiene el privilegio de saber, qué es bueno, podrás entonces definir qué es malo—.

—Y eso, camarada, ¡es enorme como un puño! que no cabe en el juicio de ningún ser humano—.

—La parte central son los alumnos; los demás serán parte del andamiaje— dice otra sombra.

—La naturaleza le dice cómo; ella se encarga de mantener el balance— continúa —aun así, algunos se le quedarán en el camino, otros se le irán de las manos—.

—Habrá pérdidas, de eso se trata la vida—.

—Nuestro personaje— informa —llama a su operación: desove de camarón. ¿No sabe dónde están?—.

—Se dará a la tarea de ir a los lugares más pobres, más lejanos, más olvidados—.

—Invita, trae, secuestra, convence. Se los encontrará en el camino—.

—Algunos llegarán solos, sin invitación, son los que buscan, los que prueban suerte. Estos serán de su equipo y no los perderá de vista— continúa.

—En octubre cuando se abra la veda del camarón, los crustáceos más intrépidos, los fuertes, los luchadores, tomarán las corrientes de los ríos subterráneos, hasta llegar a mar abierto y crear su propia historia—.

Desde que a Alfonso se le asignó la responsabilidad del Internado de la Pesquera. Inmediatamente se dio a la tarea de "ir por la gente".

Llega al puerto naval de Veracruz; se va directamente a la zona de muelles donde atracan barcos de gran calado. Embarcaciones de casi todos los países, sobresaliendo los de bandera mexicana que eran su objetivo.

Allí encontraría tripulación mexicana, capitanes, almirantes, marineros. Toma uno de los malecones principales, a lo lejos ve a un grupo de varios marineros y capitanes dialogando entre risas y relajo.

Se dirige a ellos, levantando el brazo y agitando la mano.

—Buen día— saluda —mi nombre es Alfonso, vengo de Baja California—.

—¿De dónde?— le interrumpe, uno de los capitanes, mostrando interés por lo que escuchó.

Joven de baja estatura, pasado de peso, su cabello increíblemente chino y un "copetito" en espiral imitando un resortito, con el quepí sujetado de su brazo. Tenía su cara redonda con ojos pequeños a punto de no ver nada, al frente los abscesos musculares de su cara, eran como mitades de esferas que se agrupaban con cualquier gesto, que apenas le dejaban un pequeño espacio y poder visualizar.

En su boca portaba una sonrisa automática, no había forma de decir lo contrario, mostrando los dientecitos de mazorca. Exageradamente limpio y bien puesto su uniforme.

—De Baja California— le confirma Alfonso —estoy buscando navegantes, por supuesto, que les gustaría incursionar en la docencia, la escuela es Tecnológica Pesquera—.

—Estoy aquí para realizar entrevistas con navegantes interesados, me lo llevaré directamente desde aquí, la plaza está libre—.

—Si gustan, les pido me acompañen, aquí enfrente esta un café restaurante, les expondré los detalles, ustedes contestan mis preguntas y viceversa, tomo sus datos y en unos días, si el interés está en ambas partes, se tendrá la respuesta—.

Pasaron algunos días, aún no había hecho elección por alguno en particular, buscó algunos de los encuestados, sin dar con ellos —"afortunadamente"— pensó—.

—Tendré que volver después— se dijo a sí mismo.

Llegó a la escuela de Pesca en Sinaloa, recurrió al mismo procedimiento que en el puerto de Veracruz, ya tenía contratados y seleccionados en San Felipe, B. C., solo le faltaban algunas vacantes. Los persuade y viaja con ellos directamente a la pesquera.

Se fue a Chihuahua, mismo procedimiento de contratación y de diferentes áreas. También viaja con ellos directamente a la Tecnológica Pesquera.

Lo más importante en su objetivo, Mexicali. Todo el personal docente, los profesores tenían que ser egresados de escuelas de Baja California y si fuera posible; de Mexicali y su Valle. Considerando a San Felipe, B. C.

Estableció contacto con proveedores para abastecer de alimentos al internado de la Pesquera, siguiendo los parámetros de dietas alimenticias amparadas con la recomendación de nutriólogos y médico de la propia institución. Equipos, medicinas, para los servicios médicos de la institución.

Reestableció el antiguó comercio del "trueque", intercam bio de productos pesqueros por vegetales, frutas, carnes y de leche, con los mercados de abastos, tierras agrícolas, comercios del valle. Materiales, servicios y partes para los equipos mecánicos, eléctricos, de vehículos.

Estableció acuerdos a nivel nacional e internacional para que los abastos fueran obtenidos por: donaciones, aportaciones humanitarias, fundaciones, empresariales, maquiladoras, gobiernos municipales, estatales, federales, padres de familia.

En el caso del alumnado, los viajes no paraban. Viajaba en un "jeep", seguido por "pick-up" o troques.

En cualquier día, a cualquier hora llegaba a la Pesquera, siempre con gente arriba y sus equipajes «futuros alumnos».

Recorría los ejidos, en los pueblos, en el valle, y los abordaba donde estuvieran, en cualquier lugar.

Si veía un grupo de jóvenes, en las salidas de las fábricas, en los campos de cultivo, en los parques, en las escuelas. Si se atravesaban en su paso, visitaba o pedía posada en las casas (calculaba bien que estuvieran en la edad de "secundaria").

Tomaba un paquete de volantes con información de la Pesquera, se acercaba, mientras se los entregaba, les dirigía palabras de convencimiento y las bondades de continuar en el estudio.

Si los convencía en ese momento, les pedía que recogieran documentos, algunos cambios de ropa, con autorización de los padres o sus tutores. Se trepaban y los alojaba en la pesquera.

Y de nuevo, a buscar, a convencer, que no se le escapara nadie, al menos en los pueblos, los ejidos y San Felipe, que la mayoría estuviera enterada.

En total se tenían que reclutar ciento ochenta y seis alumnos, para los tres años de escolaridad. En esta primera generación tenía que contar con los primeros sesenta y cuatro alumnos.

Lo logró, un poco más del cincuenta por ciento de la población de estudiantes eran residentes de San Felipe, B. C. Los demás, foráneos, del Valle de Mexicali, Ejidos, del Valle de la Trinidad, Tijuana, Puerto Peñasco, Sonora, Chihuahua, y de la ciudad de Mexicali.

Capítulo XXIII

23. Reclutamiento.

Alfonso define sus zonas de reclutamiento, tanto de docentes como de alumnos: zonas locales, zonas externas y zonas foráneas.

Primera tarea. – Boletinar: Escuela Tecnológica Pesquera

Mes de septiembre primer día. Desde el horizonte la mañana empieza a tomar color con el sol arrojando su luz sobre la bóveda terrestre, para luego tomar la curva e ir al encuentro de los eventos del día.

Para el calendario escolar las actividades ya están en marcha, sin embargo, la construcción de la escuela-internado, todavía no llegaba a su fin.

Hamzda laboraba de electricista para el CAPFCE en la construcción de la escuela.

Días antes arribaron al terreno de la escuela: Alfonso, secretarias, trabajadores de intendencia, cocineros, profesores, personal docente.

La obra no se terminaba de construir, se dieron a la tarea de conseguir albergues para los estudiantes y oficinas temporales.

Decidieron por cuartos de hotel y durante el día los alumnos serian guiados por los maestros.

Mientras; se terminaban de construir las naves para internados: dormitorios, cocina, cuartos de lavado, sala médica. Enseguida las aulas, biblioteca, explanada, canchas deportivas.

Hamzda llegaba como empleado federal al departamento de mantenimiento de la Pesquera, al ver que faltaba tiempo para iniciar, en paralelo se integró como empleado electricista del CAPFCE.

Estaba decidido. Hamzda se encontraba en la Biblioteca de la escuela, instalando lámparas fluorescentes, ya se había entregado la obra de construcción de la escuela con todo el personal laborando.

A temprana hora esperaba el arribo del director, su intención era abordarlo a la entrada, antes de que se internara en su oficina.

Llega Alfonso se encamina por el pasillo de entrada, Hamzda sale a su encuentro.

—¿Puedo hablar con usted?— le interpone.

—Dime—.

—Quiero estudiar— se limitó a decirle.

Alfonso se le queda mirando, ya esperaba esta declaración, inclusive deseaba proponerle la misma. Se detenía porque perdería a quien sería jefe de mantenimiento.

—Te habías tardado, ven conmigo— le pidió.

—Araceli,— le indica a su secretaria —extrae del archivo de empleados la documentación de Hamzda, por favor. La anexa a la de los alumnos, le acredita una matrícula y que le entreguen su uniforme—.

Voltea hacia Hamzda —Esta es la mejor decisión que has tomado, sigue adelante, desde hoy eres alumno y compórtate como tal, eres buen hombre, serás un ejemplo—.

Súbitamente sus compañeros de la oficina (por unos días…) le aplaudieron, extendiendo su sonrisa de afecto, Hamzda toma la salida y continúa en su trabajó.

Mes de noviembre, oficialmente inician las actividades en la Pesquera, totalmente terminada su construcción, todo se condujo en forma normal, ordenada.

Los alumnos con sus matrículas, cubículos asignados, uniformes, con información de horarios y actividades.

Capítulo XXIV

24. Capitán Fili.

Noviembre, tres treinta de la tarde. Calor y humedad todavía arrojaban las ultimas oleadas de temperatura extrema sobre el puerto de San Felipe.

Ya habían transcurrido tres semanas de ejercicio escolar en la escuela Pesquera. Se esperaba por la tarde la llegada de Alfonso, llegaría con carga del Valle de la Trinidad: papa y cebolla. La papa ya se había agotado en el almacén y la dieta balanceada exigía su presencia en el menú.

Se estaciona un libre frente a las oficinas de la Técnica Pesquera, novedad para los de oficina que no estaban acostumbrados a tener visita a esas horas.

Más se sorprendieron cuando baja caballero con grado de Capitán de la Marina, impecablemente limpio. Paga al chofer, toma sus maletas. «varias y bastante pesadas».

Se dirige a las oficinas que estaban a unos treinta metros de distancia, con todo y vueltas, el tremendo calor no se hizo esperar se fue encima de su masa corporal.

El capitán llega a las puertas de la oficina, deja sus maletines a la entrada, toma bocanadas de aire en señal de ¡alguien que me ayude! Un copioso sudor empieza a invadirle la cara, el cuello, los brazos... Se apresura a entrar, todo el personal desde sus lugares voltea a verlo, el sub director va a su encuentro.

—¿En qué podemos servirle sr.?— le dice amablemente —¡capitán!— en forma de corregir su título.

—Soy el capitán Fili, estoy aquí por el director Alfonso—.

Poco extrañado el sub director, porque no estaba informado de que se aguardaba la llegada de un Capitán de la Marina. ¡y menos! que Alfonso no estuviese enterado de su arribo y dejado instrucciones.

—Bueno;— le dice el sub director —el director debe estar por llegar, que le parece si lo espera en la biblioteca, ahí hay espacio suficiente y estará más cómodo, en cuanto llegue, le comunicamos de su presencia, e inmediatamente le atenderá—.

—Me parece bien, lo espero— responde el capitán Fili.

—Usted no se preocupe, en un momento más estoy con usted, por si tiene otra información que desee compartir o que podamos ir adelantando para organizar y no hacerle perder su tiempo—.

—Algo se trae este capitán— juntó las cejas sub director.

Entra a su oficina, toma papel y lápiz.

—No me tardo— le dice a su secretaria —si llega Alfonso antes, avíseme primero—.

—Cuénteme capitán, por donde empezamos— dijo.

—Su director— empujando su copetito de resorte, como queriendo con él; frenar en plena carrera del Grand Prix de Francia, añadió resuelto: —me entrevistó en el puerto de Veracruz—.

—Yo tenía viaje en barco carguero y me ausentaría un tiempo. Me avisaron de improviso y no me dieron tiempo para confirmar a Alfonso que con gusto aceptaba su propuesta de trabajo—.

—Sobre todo, en el área docente. En cuanto desembarqué, organicé mi viaje aquí con ustedes, vendí todo lo que tenía, me deshice de todo, me despedí de todos—.

—Y aquí estoy, ¡listo! del timón a la propela, con un ancla por delante—.

El subdirector se quedó perplejo. Con el ánimo y la voluntad del marinero, se quedó aún más.

Mostraba una expresión indescifrable. No sabía cómo transmitirle que se esperara y que no festejara, antes de llegar a la meta. Pues sabía que Alfonso, no había contratado a ningún marino. Tampoco le habían confirmado a Fili que lo contratarían.

Definitivamente que este marinero, ya lo tenía convencido, tenía agallas, confiado y estaba del lado de la educación, —"sólo se contrató"— pensaba —lo lograra, bueno Alfonso tiene la última palabra—.

—Muy bien capitán, he tomado nota, solo nos resta esperar—.

En eso, asoma por la puerta su secretaria, le hace una señal de confirmación. —ya está aquí el director; capitán, deme unos minutos, aquí regreso con él—.

El subdirector se dirige al almacén de productos perecederos, donde se encontraban descargando y estibando los alimentos.

Alfonso actualizaba los datos sobre la bitácora del almacén.

—Está con nosotros el capitán Fili— le informa el subdirector.

Alfonso le dirige su mirada pensativa, haciendo tiempo voluntario, esperando recibir más información.

—Me comunica el capitán, que usted le entrevistó y acepto su propuesta de trabajo— le informa tímidamente y que no le sorprendiera su reacción.

Como siempre Alfonso indescifrable, no reflejó ninguna reacción.

—¿Qué es su nombre?— pregunta.

—Capitán Fili— contesta.

—¿Está ahí; en la biblioteca?—.

—Sí, nos espera—.

Cuelga la bitácora en su lugar, se sacude las manos y los pantalones —vamos— le indica a subdirector.

Caminaron hacia la biblioteca. Alfonso llevaba la vista a media altura, pensativo. Le bastaban las palabras que escuchó del subdirector.

• Hola, ¡me acabó de incorporar! •

Me interesa de sobremanera
esta temática de tu personalidad.
Mi primera oportunidad como juez autoridad.

¿qué te parece?

Siempre fue una de tus habilidades como interlocutor.

Escuchar, observar, e ir desempacando, la intensidad de las palabras, tonos de voz.

Intensidad de las facciones, la mímica.

Suficiente para interpretar la historia y lo que necesitas saber.

¡Pero esta no es tu mejor habilidad!

Sino tú respuesta, la forma de darle solución.

Son la parte increíble.

Regularmente no te enfrentas directamente a la pregunta, a la ocurrencia o al evento.

Si se trata de personas y están a la mano, las empleas. Otorgas la oportunidad de que se equivoquen o tengan éxito. «error o acierto».

Si se trata de eventos: ejecutarlos, enfrentarlos. «beneficio o pérdida».

Si se trata de objetivos: formatos de ejecución. «procedimiento uno, luego procedimiento dos, …».

¡Ha! olvidaba. "registro".

Nada se deja a la memoria.

Todo, absolutamente todo se registra:

Fecha, hora, tarea, póliza, órdenes, personal, incidentes, accidentes, gastos, mitotes, movimientos, palabras, cambios, enfermedades, etcétera, etcétera, etcétera.

—Vamos a bautizarlo— dijo Alfonso —sí yo no lo contraté, lo contrató el destino— con voz convencida.

Ingresaron a la biblioteca, Alfonso lo reconoció y le extendió su mano —bienvenido— le dice.

—¿Ya tiene dónde hospedarse, capitán?—.

—No— le externa —hoy llegué y no conozco el puerto—.

Alfonso, se dirige al subdirector, le dice: —mientras, dele alojamiento en la sala médica, que conozca la escuela, le presenta al personal—.

—Lo lleva al comedor y que lo atiendan. Cuando tenga oportunidad que vaya a la oficina y lo registren—.

—Ya tenemos Capitán de la Marina Naval en nuestra escuela—.

Se dirige al capitán, con vos amable le dice: —Ahí en la sala médica encontrará lo que necesite, como aseo personal, si se le ofrece otra cosa, háganosla saber—.

—Muchas gracias por estar aquí, capitán Fili—.

Capítulo XXV

25. Trívium y Quadrivium.

• Acción retrospectiva: Identidad •

La identidad de la Administración Educativa
vive siempre amenazada,
de su cultura, de su propia identidad.
De ser reducida por un régimen político,
del poder económico, de clases, o de razas.
La educación no es pobreza.
La educación no es política.
La educación no es disentir.
Es una Tesis. Es una autonomía,
con un concepto distinto de forma de valores.

Había algo que brillaba dentro de la comunidad de los estudiantes, dispuestos a madurar.

Como llamas movedizas con sombras, que parecen subir y bajar con una extraña y fantástica vida.

Almas profundas, con cualidades morales. A debatir. Con muestras de querer ser gigantes, de querer ser alguien. Son obstinados y eso los hace valer.

Por alguna razón están, por alguna razón aceptaron abandonar su tierra. "Si no te mueves, no descubres".

Estaban allí, se observaban unos a otros, se medían, se calculaban, se aceptaban, se sonreían. Algunos para no sentirse perdidos volteaban a ver a lo lejos, o a la nada. Otros guardaban silencio, la cabeza inclinada buscando algún sonido, sus oídos como radares.

Pero el hombre es gregario por naturaleza, iniciaron las presentaciones, encontrar amigos, experimentar las primeras sensaciones de la vida fraterna. Posiblemente con pavor, o llenos de timidez.

Todos muestran gran interés, con la mejor disponibilidad, unos atentos, otros intrépidos.

Sin embargo, hay quienes se muestran más profundos. Que se detectan desde su mirada, normalmente ya saben lo que van a hacer, y como lo van a hacer. Son de sentido común, saben sus limitaciones, respetan al adversario. Solo esperan hacer el examen y que el documento, las circunstancias, o los eventos. Los ponga en evidencia. Y sin arrojar una partícula de simulación.

La escuela se encontraba en las afueras del puerto, debajo de un cerro rocoso, y a cincuenta metros de los límites de la marea; de la playa.

Las naves de los dormitorios apagaban sus luces a las diez pm. Se encendían seis am. antes de que se retiraran las estrellas. Los días no se desperdiciarían.

Los alumnos empezaban a darle un valor particular a su escuela, cada pasillo, su litera, su lugar en el salón de clases, sabiendo que el placer de vivir y crecer allí no era para siempre.

Para algunos la vida está en otra parte, para otros ahí empezaba.

Solo se podían traer los recuerdos de ayer y memorizar los de hoy. Nada se trajeron, nada se llevarían. Permutar.

Después de ajetreados días de adaptación, de reconocimiento, de acomodos, de órdenes.

Finalmente, en sus cubículos, cada quien en su litera. El silencio se acomoda, la cabeza busca la tibieza de la almohada.

Y en el fondo de la oscuridad se escucha el suave rumor de las olas y su caída sobre la arena, transformándolas en bondadosos arrullos.

Diciembre, veinte minutos antes del amanecer. Tiempo de marea baja, deslizándose hacia abajó. Dejando al descubierto la playa y las rocas.

Los alumnos guiados por los maestros de pesca, cada uno sujetando en sus manos varios bastones de alambre, entregando uno de ellos a cada alumno, al azar.

Los alumnos sobre todo los que ya eran pescadores la mayoría del puerto. Jóvenes que ya sabían del oficio, adiestrados, hábiles, dominaban el terreno. Sabían los ¿por qué? ¿Por qué a esas horas? ¿cuándo la marea? ¿cómo atrapar?

Se trataba de la pesca del pulpo. La primera lección, la primera aventura del pescador de la pesquera.

A diferencia de los otros que no tenían idea de que se trataba. Algunos de ellos, todavía no conocían el mar, otros no se quitaban los zapatos ni para dormir, no sabían de templar y acostumbrar los pies al contacto con el día, con la tierra caliente, con las piedras, adaptar un nuevo calzado bajo su cuerpo, otra suela.

Allí, había que andar descalzo, entre la arena, las piedras, las rocas cortantes, el agua de mar al punto de congelarse.

En sus caras se dejaba ver el asombro, viendo cuan hábilmente sus compañeros se movían sobre el terreno, virgen, fresco.

Permaneciendo en línea al compás de la marea, encajaban

sus brazos entre la roca y la arena en lo que parecía ser una cueva, permitiendo que, sí allí se encontraba el pulpo, esté atrapara su mano y la envolviera con sus tentáculos.

Las manos haciendo las veces de curricán, de anzuelo, enseguida el pescador retirando su brazo de la cueva, se levantaba, tomaba el bastón de alambre, encajaba el pulpo, deslizándose hasta el extremo inferior.

Allí fuera de su medio, sin oxígeno, se movían hasta quedarse quietos, mientras llegaba otro que lo acompañara en su final.

• A ver; a ver. Como tú sombra exijo retroalimentación •

• ¿Qué está pasando aquí? •

• Debo suponer que está negociando la teoría con la práctica. •

La lección de hoy.
Quadrivium y la práctica, aprender de los otros.

El reto: Innovación.
Igualarlos, superarlos, enfrentarse, aprender, obtener los créditos.

Preguntas: ¿Qué más? ¿Qué sigue?

• Hum… está bien, continúa. •

Capítulo XXVI

26. El PRE.

Alfonso, a fuerza de talento innato, fuerza de voluntad y fuerza de carácter, se ganaba el aplauso de sus semejantes, a través del trabajo duro y las dificultades.

Su administración llevó a cabo sus medidas con todo el vigor y pasión de su naturaleza. No hubo calificativos, ni espíritu de compromisos. Su vida estuvo frecuentemente amenazada; pero alimentó el peligro y se fortaleció bajo los embates de sus contrincantes y de la administración educativa.

El arranque del proyecto de las Escuelas Pesqueras y otras con internados, venían hace años con otros cálculos sin modificar. Dejando las finanzas de los internados en un estado de lo más alarmante.

La deuda de la educación con Internados, ya se acumulaba como montañas, y siguieron aumentando hasta que dieron comienzo los ciclos escolares de las Escuelas Tecnológicas Pesqueras en todo el país, y solo mediante esfuerzos hercúleos se pudo evitar la quiebra de las Escuelas Pesqueras con Internados y su administración escolar.

Aquí es donde entra Alfonso con su gran habilidad administrativa, el negociador, el conciliador, el de las relaciones públicas. Las remesas que envía el Gobierno no alcanzan a cubrir los gastos, cada escuela con internado tuvo que arreglárselas para administrarse por sí sola, resolver su problema financiero.

Dentro de los recursos presupuestales, bailaba una partida que se financiaba aparte y que solo pertenecía como donativo a los alumnos de Internado, que contenía las siglas PRE. Los alumnos recibían cada mes esta partida y firmaban de recibido.

Alfonso sin previo aviso, viaja a la ciudad de México. Llega a las oficinas de la Secretaría de Educación.

Al fondo cada una de las oficinas con sus ventanales, no se escuchaba nada, se podía ver sus movimientos, sus acciones, gesticulaban, se podía dirigir el telescopio hacia sus caras y con un poco de audacia se podía hacer lectura labiofacial, solo para reírse y no se suele tener de qué.

Todo un escenario de actores: Administradores, jefes, directores, hasta el botones se incluía en la cumbre de la fama, arrojando hacia las profundidades del futuro el emblema de la educación.

Viaja el comunicado de su presencia, lo recibe el asesor, este se acerca e informa al director. Se dio un golpe en la frente.

Como lo conocía, se enfadó muchísimo, «¡ya nos cayó el chahuistle!». Pero sin otra opción, decidió invitarlo a pasar.

Guiado por una elogiable intención didáctica. No podía tomarse a la ligera y de sorpresa la presencia de Alfonso.

Alfonso pidió que se citara a los administradores de la educación, de finanzas, Tecnología de Pesca, Navegación, y exponerles.

Llegan hasta un gran salón al fondo del cual, junto a una mesa redonda cada uno toma asiento, las secretarias entregando carpetas, que contenían copias con el informe de Alfonso en detalle.

El director permanece de pie, al cabo de varios minutos, enviando la vista hacia Alfonso e indicando con la mano abierta, extendiendo el brazo dice en voz alta, para que todos lo oigan:

—Nuestro director en Escuela Tecnológica Pesquera de San Felipe, B. C. nos ha pedido reunirnos aquí para exponernos sus inquietudes y cambios que considera importantes—.

—Requiere— continúa —de prontas respuestas, razón por la que se les ha citado aquí, al departamento de contraloría y finanzas, a la secretaría de pesca y navegación—.

—Después de su audiencia, si tienen alguna pregunta en particular, podrán encontrar en las carpetas que les fueron entregadas. Adelante, Alfonso— le indica.

—Manejamos un presupuesto que ustedes envían, muy bajo,— indica Alfonso —con otros cálculos financieros que no los han actualizado—.

—El internado de la Escuela Técnica, se sostiene también, en lo que cabe con las aportaciones de donativos, aportaciones humanitarias, fundaciones, empresariales, maquiladoras, gobiernos municipales, estatales y federales, padres de familia. Que no siempre son puntuales y en su momento—.

—Se tiene que llegar a las operaciones de créditos, de promesas bajo palabra, o por productos pesqueros con la condición que podrán ser remunerados cuando sea su temporada de captura—.

—Lo que me tiene aquí— continúa Alfonso —y les he pedido su presencia, es porque existe una partida financiera de carácter donativa para los alumnos, donde la finalidad es ayudar al alumno, como parte o aparte de su estancia en el internado—.

—Este apoyo usa al alumno, entonces se pierde la intención de abonarlo para su causa, mermando su estancia. Si la escuela usa este recurso, lo administra en beneficio del interno—.

—Esta partida es sagrada y ustedes ni yo nos atreveremos a tocarla o a meterle mano—.

—La administración del recurso será para apoyar la estancia del alumno dentro del internado. Y no sacrificar las otras áreas presupuestales. El departamento financiero nos indicará cuál será el procedimiento legal. Ustedes estarán informados, espero su autorización y firma. Este procedimiento será mensual, con sus reportes en tiempo y forma—.

Mientras tanto, la escuela organizaba junto con las Cooperativas del puerto, salidas a altamar para los alumnos en los barcos camaroneros de diferente calado, algunos todavía con construcciones en madera. Otros con más eslora con los cascos de acero.

La pesca más importante del puerto "El camarón". Su área de pesca inicia desde el norte del Mar de Cortez, hasta terminar a la altura de Cabo San Lucas, cuando el camarón se fuga por mar abierto. Son de las especies migratorias y viajan por las corrientes de los ríos subterráneos del mar.

Se permitía, uno o dos alumnos tripulantes por barco, según la apreciación de cada capitán. El tiempo de práctica para los alumnos, dependían del tamaño de la embarcación, del éxito y conocimiento del capitán para seleccionar las rutas donde se emboscaban las manchas del camarón.

El alumno podía decir: ¡hasta aquí! pero se dependía de la distancia del punto de partida, para complacerlo. O si la pesca era tan afortunada que el barco lleno de producto tenía que descargar, para vaciar el almacén. Y de nuevo a la captura.

Él trabajo aprendizaje del alumno no sería compensado con sueldo o algo parecido. Zarpaban bajó el criterio del capitán, algunos compensaban con alguna bolsita repleta de camarón, al desembarcar.

Para la Escuela Técnica, los oficios de los alumnos iniciaban desde aprender a tejer redes, reparar o construir "pangas" o botes de pescar, mantenimiento a motores fuera de borda, revisión y atención a las máquinas diésel de las embarcaciones, nadar, remar, veleros, trazar rutas de navegación, técnicas de pesca, uso de redes, palangres, atarrayas, trampas, arponear, filetear productos pesqueros, conservación, cuartos fríos. Por mencionar algunos.

Capítulo XXVII

27. La Barda.

Alfonso sale del hotel donde se encontraba hospedado, se detiene en la señal de alto, antes de cruzar las vías del ferrocarril. En la esquina de su lado izquierdo se encontraban en grupo, gente que buscaba trabajo, abiertos al mejor postor. Algunos ya con sus herramientas de trabajo en mano. Otros con las manos vacías.

En eso, uno de ellos, del grupo más cercano, arroja su pala que cargaba entre los hombros y camina en dirección hacia donde se encontraba Alfonso.

—¡Buenos días amigo!— saludando —yo y mi gente nos dedicamos a la construcción, "Constructores Unidos", si necesita de alguna reparación o construcción, nosotros le hacemos a todo, en su casa, su jardín, patios. Hacemos trabajos de albañilería, plomería, electricidad, barato y rápido—.

Alfonso, le escucha, ve por el retrovisor, hacia los lados, con gesto incomodo, le dice: —déjame hacerme a un lado, para no estorbar el tráfico—.

Busca lugar para estacionarse. Se estaciona. Sin bajar del troque, lo espera con el brazo izquierdo recargado sobre la ventana de la puerta. El "Constructor Unido" de prisa se va detrás de la unidad, para atender y escuchar a su nuevo gerente empleador y pararse cerca de su puerta.

Pero no llegó solo. Mientras Alfonso se estacionaba, se escuchó una algarabía y voces apuradas: —¡órale! ¡órale! ¡apúrense cabrones! ya nos cayó chamba! —.

Rápidos y veloces… para entonces ya se encontraba todo el personal atrás de él jefe, muy atentos a esperar instrucciones. En total eran nueve personas.

—El trabajo es instalar un cerco de malla ciclónica en una escuela, en el puerto de San Felipe— les comunica Alfonso —el terreno es difícil y pedregoso—.

Conforme informaba, algunos ya empezaban a dar pasitos en reversa, en señal arrepentida.

—Se necesitan de tres, a cuatro personas, allí se les dará solo un cuarto para dormir, tiene su baño y su regadera, se les dará de comer y se les pagará su salario el fin de semana—.

—Ya se tienen las herramientas de trabajo, conforme vayan avanzando se va ir acercando el material: cemento, los bloques, los metros de malla, los postes, barras, abrazaderas. Solo necesito de mano de obra—.

—¿Quiénes quieren ir?— ¿pregunta? luego, luego se apuntaron cuatro de ellos —necesitarán de su almohada, su cobija y cambio de ropa. Regreso aquí mismo en dos horas, del trasporte de ida, yo me voy a ocupar. Yo mismo me los llevaré y les daré hospedaje, van a estar cómodos, no se preocupen. Del regreso ustedes se encargan y será su responsabilidad. Hay línea de transporte comercial de regreso—.

Puntual, en dos horas, llega por ellos. Se apearon sobre el troque con sus bolsas de equipaje, bien amarraditos.

Los observaba, se percató que de los cuatro que decidieron aceptar el trabajo, uno de ellos no se presentó. El personaje que se agregó, traía su corte de pelo como de soldado, bien pelado, a la "fletap", algo largo ya y bien parado. Bajito de estatura, igual a la del jefe.

El jefe que se apeó enfrente en la cabina del copilotó, dice: —Oiga patrón, nomás que el "cangrejo" se arrepintió y tomo su lugar "El greñas", ¿no hay problema? es un burro pa'l trabajo, pero es muy bueno—.

—¿Porque le dicen, "el cangrejo"?— pregunto.

—¡Ay patrón! la pregunta del millón— interpela el jefe.

—Pue's por eso le dicen, "el cangrejo". A todo dice que, sí. Pero nomas le hablan de empezar a trabajar, y se va como los cangrejos… hasta desaparecer. Es un wevón… pa'acabar pronto—.

Alfonso, ya nomás para salir de dudas, puesto que el jefe era toda una enciclopedia para jumentos, le pregunta: —¿Por qué? ¿el greñas?—.

—¡Otra vez, patrón! ¿po's que se quiere hacer millonario con otra del millón? que no lo vio, tiene más largas las greñas, que lo que mide de estatura—.

Alfonso, dió un movimiento hacia enfrente del volante, como queriendo observar a lo lejos de la carretera por su derecha y rápidamente dando un vistazo al jefe; intrigado. Corrige rápidamente y sigue su rumbo por la carretera a San Felipe.

Pues, cómo le apodarán a este pobre hombre —se preguntó— también muy bajo de estatura, moreno, muy quemado por los rayos del sol, pasado de peso, con ruedas muy peculiares alrededor de su cintura, fusiforme, muy molusco. —bueno, mejor ni me lo imagino, ya saldrá el peine—.
«"el hígado", por si alguien quiere saber».

Han trascurrido dos días, por el camino de terracería rumbo a la escuela técnica, viene Alfonso en su troque, conforme va avanzando revisa el avance del cerco. Al menos llevaban unos treinta metros de línea construida, con sus seis tubos encajados ya colgada su malla.

Se estaciona, toma una caja de plástico llena de documentos de la caja del troque y se dirige a su oficina. Había tenido una mañana terrible llena de trabajo en la ciudad que le había parecido eterna para ese minúsculo ritmo de su reloj y el acelere de sus complejas tareas mentales. Trató de calmarse, ser suave y consolador… parecía inútil; después de ver el progreso de trabajo de los "Constructores Unidos", nadie resiste los embates de la ignorancia y el mal oficio.

Tomó su tablilla de apuntes y un marcador grueso de color rojo, escribió algunas letras, salió de su oficina, se asoma por la ventana, los trabajadores ya se habían retirado. Le pide al sub director que lo acompañe, salen y se dirigen hacia la construcción del cerco, en el camino pega un silbido hacia el taller, llamando al "mapache" el profesor de máquinas.

Alfonso le dirige una señal con la mano, para que se acerque y se integre a ellos, el mapache se entera y se dirige a ellos, al mismo tiempo Alfonso le grita que se traiga consigo las llaves del trascabo.

El mapache enciende el trascabo, Alfonso se sube también a la cabina de pie, sobre el estribo, le da instrucciones: —¡tumba todo el cerco, arráncalo todo, que no quede rastro de la porquería de trabajo!—.

El sub director da un vistazo al trabajo del cerco y no entendía bien que era lo que trataban de hacer, a su buen entender los cercos se construyen en forma lineal y estos limitan los terrenos de propiedad. Lo que observaba era algo parecido a "zetas", pero de lineal no tenían nada.

Alfonso se baja, se dirige hacia el sub director, firma la tablilla, se la entrega y le da instrucciones:

—Vaya al comedor por favor, se la entrega al cocinero y que lo exhiba sobre la puerta de entrada, para que sea bien leída—.

—Lo primero que harán cuando lleguen aquí, después de visitar la cocina e intentar tomar sus alimentos, vendrán con usted, les liquida su semana completa y les da las gracias—.

La tablilla que sería causante del destierro de "Constructores Unidos" con letras rojas, decía en su informe:

MENÚ DEL DÍA PARA "Constructores Unidos"

DESAYUNO: JUGO DE ZANAHORIAS.

COMIDA: ZANAHORIAS.

CENA: ZANAHORIAS EN SU JUGO.

Atte.: director.

Capítulo XXVIII

28. Oro

Diciembre 1973. La biblioteca se había utilizado para una junta de los maestros. Los maestros abandonaban el lugar para dirigirse a sus tareas.

Algunos maestros se quedaron todavía dentro, dialogando, otros que escuchaban se incorporaron interesados en el tema, la estancia no era oficial. Se volvía sabrosa y filosófica la atmosfera para intelectuales.

—Me platicó "El Chacal"— les cuenta el capitán Fili —así conocido en el bajo mundo de los marineros, capitán del barco "El Terrorista"—.

—Pidió le asignaran un alumno de la Escuela Pesquera. Aseguró que lo convertiría en ¡Bucanero!, con el solo hecho de que navegara en su barco, aunque la tirada seria larga, mínimo cuatro, cinco meses, a ver si le aguantaba—.

—Para nuestra escuela se presentaba la oportunidad para enviarle a uno de sus filibusteros, de los más indisciplinados, y más vagos—.

—Rizol, fuerte, muy listo, intrépido, en búsqueda de su propia libertad, lejos, sin rendir cuentas, ni obligaciones, solo llegaba a los límites, no había más, obedecía, cumplía, en la primera que te descuidaras; actuaba—

—El Chacal, aun informado de la conducta de Rizol, no se preocupó—.

—Pues no tendrá mucho a donde ir, ni de que escapar— él se dijo entre sí.

—Su libertad terminará, donde empieza la borda del barco, a su alrededor no habrá otra cosa que mar—.

Rizol se presentó en el astillero y una panga lo lleva al barco, el capitán y la tripulación atareados, estibando la mercancía, los alimentos, recargando tanques de gas, tibores de agua dulce, aceite comestible, diésel, gasolina.

Lo saludan recibiéndolo con respeto y cordialidad. El Chacal lo observaba desde la cabina de mando.

Siempre muy serio, de pocas palabras, casi monosílabos y un finito, casi nada… sonido en sus ojos, y cara; aprobando o desaprobando.

Alto, muy delgado, dos huecos sobre sus pómulos, dándole forma oscura, tenebrosa. Se veía como otro mástil, parado a un lado de la puerta.

—Ya había pasado un mes desde que salió el barco de puerto—, continúa su plática, capitán Fili —nos encontrábamos en el taller de navegación, dos de los alumnos y yo—.

—Y me comenta uno de ellos ¿oiga Capi, que ese barco no es "El Terrorista"?— mirando hacia mar.

—Parece que sí, pero no lleva ni el mes, qué zarpó. Vamos al astillero, algo se les olvidó, para que estén aquí de vuelta—.

"El terrorista", atracó en el muelle, al mismo tiempo que llega el camión del gas, baja dos tanques de gas para entregar. En eso veo bajar a Rizol del barco, con todo y su equipaje, despidiéndose de la tripulación.

—¿Qué pasó?— pregunta capitán Fili, a la vez intuyendo que el pronóstico de "El Chacal" de convertirlo en "Bucanero" se había esfumado, convirtiéndose en lastre de la embarcación.

—¿No se?— responde, Rizol sarcástico —hace días, nos asaltó un poco de temporal. Parece que se dañó una de las líneas de alimentación del gas, y se vació el tanque—.

—El capitán no quiso tomar riesgos y vino a recargar el tanque de gas, yo aprovecho para desembarcar, ellos todavía se van a tomar varios meses en altamar—.

—Me quedo pensativo— dice, capitán Fili —acepte la justificación—.

—Preguntaré, después, solo para confirmar, me dije—.

—Aquí viene la parte medular— expone, capitán Fili —me encuentro con "El Chacal" se me adelanta y en un grito—.

—¿De dónde sacaste ese cabrón?— me dice, todo irritado —es peor que un filibustero, debe ser de ciudad—.

—Casi me desarma todo el barco, para forzarnos a llegar a puerto y él desembarcar—.

—De regreso aquí, nos hemos percatado de sabotaje, se causaron daños en la línea del tanque de gas, se aflojaron los filtros de la locomotora y por allí se empezó a drenar el diésel y no sabemos que más daños se causaron, estamos revisando todo—.

—Trae la maldita maldad del diablo adentro, no tiene margen de consideración—.

—Más vale que no lo vea por allí, porque lo demando y me lo llevo a la cárcel—.

—No lo vimos, tampoco tenemos pruebas. Si así hubiera sido, ahorita lo estarías buceando en el fondo con todo y un ancla al cuello—.

—La próxima vez que me mandes uno, que sea monaguillo, de perdida se pondrá a rezar, pero no nos causara daños inteligentes y perversos—.

Los ahí reunidos se quedaron pensativos. Unos con sorpresa, otros iniciaron con una sonrisa y en seguida al razonamiento.

Se trataba de hacer un diagnóstico, obtener una retroalimentación. Estaban reunidos, preparados, profesionales y había que llegar a respuestas o análisis.

Probablemente si encontraban algo, poder prevenir y en el futuro, al menos detener o minimizar los posibles daños.

—Alfonso, ya se enteró de este incidente— observó capitán Fili a los reunidos —tiene toda la información. No ha dicho una palabra. Si gustan le mandamos llamar y se agregue a nuestra reunión, más pensamientos aportan y ayudan—.

Entra Alfonso, saluda y toma uno de los asientos. —continúen,— invita —estoy al margen de ustedes—.

—Según el sentido común— interviene el profesor de química —juzgamos aprendizaje si recibimos buena educación, aunque hay que recordar que en el aprendizaje se unen la alimentación, la situación económica, la problemática familiar, es decir, las formas— luego agrega, circunspecto —lo consideramos aprendido desde el momento que se graban los límites, que los medimos, que se les proporciona orden—.

—Desde mi punto de vista— intercede el bibliotecario —según lo que nos arroje o como lo arroje la civilización, la sociedad, esta da forma a una conducta—.

—El hijo, el joven, el estudiante se da a la búsqueda de una salida, corregir, compartir, para finalmente llegar a la creación de algo, a la definición de algo—.

—Tal vez interpretada como libertad o escape a ciegas—.

—¿Y qué se hace con una sociedad capitalista?— interpone, profesor de química —teniendo a su lado la juventud revolucionaria—.

—Ambas se someten al mismo medio— anexa su opinión la profesora —por un lado, la producción, en el otro el aprendizaje; es creador—.

—¿Y qué se hace con el lenguaje?— pregunta de nuevo el profesor de química.

—Que constantemente lo destruimos por la negación irracional hasta perder el delirio verbal; que es sometido por ideologías extranjeras y nuestra debilidad mental—.

—¡Rebeldía! sí,— exclama profesora —el rebelde debe rechazar a la vez el furor de la nada y el consentimiento en su totalidad—.

—La civilización sólo es posible si,— se dirige capitán Fili, hacia el bibliotecario —encuentra el camino de una síntesis creadora, no violenta, o dispuesta a conseguir lo que se propone por cualquier medio—.

—El burgués adhiere palabras y el habitante con menos educación les saca copia. La ciudad se invade de anuncios, propaganda, con palabras en otro lenguaje, sin estar ni en uno, ni en otro país—.

—En el ciudadano las frases, los pensamientos se distraen, no se completan, no aprendemos a darle punto final—.

—Nos venden, terminamos comprando—.

—Los jóvenes prefieren huir, realizan su propia libertad, para no convertirse en adictos como la apuesta—.

—A su alrededor, solo son lo que son: errores pequeños, mentiras pequeñas, de naturaleza delictiva que no tiene termómetro—.

—Nuestro personaje sabe que cometió un delito,— habla Alfonso —no lo vamos a someter a un castigo o a despedirlo de esta escuela—.

—No está en nuestras manos, tampoco somos la ley, lo que sí está en nuestra responsabilidad es acometer las causas—.

—Los sacrificios educan la sensibilidad, el trabajo doma, aquí hay mucho trabajo que hacer, desde construir bardas de piedra, hasta lavar platos. Se le impone la tarea de bardear una pared de la escuela—.

—Si la termina, si no huye, si no argumenta; es nuestro. Gana el y ganamos nosotros—.

—Si en su camino se encuentra al afectado y le cobra factura, ya sabe lo que le espera—.

—Si en su camino vuelve a cometer delito, entonces no tuvimos éxito en nuestro procedimiento y fallamos todos los que estamos aquí—.

—O él se otorgó su propio fallo. Nosotros ya no estaremos a su alcance. Entonces aceptamos el hecho de que eso realmente ya no importa—.

*****

Alfonso, recibe de manos del Gobernador de B. C., Milton Castellanos, la presea "MEXICANO DE ORO". Rama educación, como reconocimiento de su labor en Baja California.

La Escuela Tecnológica Pesquera de San Felipe, recibe visitas presidenciales y ministeriales, perfilándose como ejemplo en la modalidad "Régimen de Internado" con características propias.

Capítulo XXIX

29. La Rebelión.

Ciudad de México, Parque Chapultepec. Doctor Matz esperaba tranquilamente en una banca cerca de un frondoso ahuehuete.

Tenía cita no oficial, con Inspector de Educación que le habían llegado noticias de sublevación de alumnos que solo firmaban de recibido y el recurso del PRE que antes se les entregaba directamente, ahora se desviaba a la Administración del Internado de la escuela; "manejos turbios". Asesorados también por algunos de los maestros que les parecía injusto y que los alumnos tenían que reclamar por su derecho.

Para el inspector este mitote significaba su acenso profesional y versatilidad para sus investigaciones.

Poner en evidencia destructiva a uno de los más apoyados y poderosos directores de la educación.

—Así qué,— interpela Dr. Matz. Solo el establece el monologo

—Tenemos aquí, algún inspector que escucha, se entera o recibe mensaje de un movimiento del estudiantado…—.

—¿Cree usted que con esto va a trepar por el mástil de la bandera?—.

—¿Qué pondrán su nombre en la Educación?—.

—O tal vez esté pensando en ser un elegido director de poca monta de la nada...—.

—O que de repente ¿pueda empezar a tener casta del temple educacional...—.

—hum... no, te digo, no señor—.

Doctor Matz le dirige la mirada y le acerca la cara, con tono retador, molesto por la tonta e inexperta acusación del inspector.

Le interroga: (Continua en su monologo).

—Alfonso, cargos de corrupción—.

—¿Corrupción?—.

—Con alumnos en rebeldía e indisciplina—.

—Déjeme decirle inspector—:

—La educación se polariza entre los estudiantes—.

—Según usted, hay que apagar la rebelión estudiantil, pretende usted demostrarlo con una insinuación de poder administrativo—.

—Esta llamarada es la eficiencia del aprendizaje y madurez del alumnado en forma de regulación—.

—Allí se encuentra Alfonso, el líder, obtuvo un diplomado en Italia, es de los mejores administradores educativos que tiene nuestro país—.

—Tenemos leyes, reglamentos que lo prohíben precisamente para que no puedan salirse con la suya, los atropellos, la falta de sensibilidad, la insinuación del poder—.

Continúa —la rebelión estudiantil es nuestro futuro, es nuestra protección, la que mantiene a salvo la educación, en el balance y se polarice; los que producen y los que no tienen éxito—.

—La rebeldía estudiantil es la razón por la que nosotros estamos aquí, la que nos mantiene dando vueltas y ocupados—.

—Buscando los mejores resultados: en el aprendizaje, en la formación, en la disciplina, en la honestidad, en el buen ciudadano—.

—Rebeldía estudiantil es la razón por la que ganamos—.

—Los alumnos que reprueban, que no desean aprender, llegan de otra sociedad, de otro mundo, con otros problemas—.

—Se les da la oportunidad de que se integren, se agrupen. Algunos lo lograrán y serán parte de lo que llamamos alumnado—.

—El formato oculto de la vigilancia para con los alumnos es que los resultados valgan la pena. Justificar porque no todos llegarán a la meta—.

SEXTA PARTE

Capítulo XXX

30. ¿Qué sigue?

••• Mensaje de la naturaleza •••
El arbusto de mostaza de hace dos mil años,
hoy nos sigue dando la misma semilla de mostaza,
la misma simetría, mismo color, mismo sabor.

¿Qué es lo único que cambia?
¡Su crecimiento!

Y esto no se puede lograr en la Administración Educativa,
simplemente por qué no entendemos,

¿Cuál es el arbusto? y ¿Cuál es la semilla?

Octubre, se levanta la veda del camarón. Del puerto sale el barco camaronero. Capitán y su tripulación, levan anclas. Esta tripulación consta de capitán, jefe de máquinas, cocinero, y dos marineros.

Tranquilamente el barco desliza movimientos en barlovento y sotavento, finalmente su timón traza ruta en dirección a su destino.

El barco alegre cortaba las aguas para abrirse paso, dejando atrás dos líneas de estela blanca, mientras más se avanzaba, más se abrían, y a lo lejos, empezaban a desaparecer para no dejar rastro. Los acompañantes del viaje no se hacían esperar, gaviotas, pelícanos y fragatas que se perchan o sobrevuelan el barco todo el tiempo.

Hamzda gozaba esta despedida de la tierra firme. La briza volaba en ambos lados de la embarcación, cuando las olas golpeaban la proa. Esperaba este viaje conteniendo sus energías y empezó a liberarlas. Hasta sus pensamientos parecían más livianos. Se sonrió.

—¿Cómo te sientes?— preguntó capitán que lo había contemplado con atención—.

—Increíble mi capitán, increíble— contesta Hamzda.

—Ven,— lo invita capitán con una señal de mano, Hamzda se dirige hacia la cabina del timonel; entra.

—Este es el derrotero,— le indica capitán sobre la carta de navegación —nuestros puntos de referencia por la costa, todavía son visibles, además tendremos luna llena estos días, así que, no tendremos problemas para atrapar crustáceos—.

—Toma el timón, ¡al ataque D'Artagnan! regreso después de unos mensajes— sale de cabina y desaparece.

Las jornadas iniciales son agotadoras. Se arroja la red camaronera, cuatro horas o menos permanecerá sumergida en aguas profundas, barriendo el suelo.

Todos los movimientos donde es requerida la fuerza de maniobra son apoyados con los mecanismos llamados "winche" y sus juegos de poleas.

El barco jalará toda la red, apoyado por las cuerdas, las plomadas, los flotadores y los tangones. Una vez que la carga marca luz roja en los controles, cuando el cono de red, ya está hasta las manitas de productos del mar. Los tripulantes inician la maniobra de alzar la red, orientarla hacia la cubierta del barco, desamarrar y ahí soltar todo lo capturado por la red.

Inmediatamente el capitán establece el nuevo rumbo, de nuevo se arroja la red al fondo marino, y avanza sobre las aguas para que continué en la captura.

Transcurrirán cuatro horas o menos, y volver a realizar la misma operación. Reciclajes que se efectúan todos los meses que dura la captura del camarón hasta su veda. Aproximadamente seis meses.

El jefe de máquinas del barco mostraba una actitud de rechazo, de recelo hacia los estudiantes de la Técnica Pesquera, por supuesto que contaba con uno en su área de trabajo, la presencia era continua.

Cuando efectuaba diálogos con la tripulación, no perdía la oportunidad de llamarle — "tecniquito".— Él era muy bueno, y hábil, conocía muy bien su trabajo. Cuando había que acelerar y que no se acumulara la carga de trabajo, ¡aceleraba! calculaba muy bien los tiempos, los demás traían su paso normal, pero no había más. Él sacaba energías quien sabe de dónde, esto complacía a la tripulación, se sentían apoyados y agradecidos.

Lo que más lo incomodaba y no resolvía su recelo, era cuando se dirigía a Hamzda o le daba una orden. Este lo escuchaba, le obedecía, pero no volteaba a verlo.

El buscaba la forma de hacerlo sentir que no sabía sobre el arte de la pesca, mucho menos en su área de equipos diésel. Que solo era un novato; y que no lo superaría en experiencia y que su escuelita no le serviría para una ching…

La tripulación, establece un cerco en la cubierta sobre el cerro de captura e inicia el trabajo de seleccionar el camarón. Una canasta, un banquito, guantes y un pica-pica, se toma el camarón, se descabeza, se arroja el cuerpo hacia la canasta.

Habían transcurrido varias horas, las canastas se llenaban de camarón descabezado. Se levanta el jefe de máquinas de su banquito, la tripulación le observa.

Levanta una de las canastas, avanza unos pasos hacia donde se encuentra Hamzda. Suelta la canasta de golpe, esta, sin arrojar un cuerpo de camarón hacia afuera, exacta, sobre la cubierta.

—Lo que sigue mi técnico— le indica el jefe de máquinas —hay que darnos prisa o se nos hunde el barco—.

Hamzda se levanta y se dirige dónde está una manguera de tipo bombero, abre el grifo, lleva la manguera donde se encuentran las canastas. El jefe de máquinas ya tenía todas las canastas acumuladas. Hamzda, empieza a darles el tratamiento de lavado.

Les da varias lavadas con una manguera que avienta el agua a presión, para que no quede ningún indicio de cadmio sobre su cuerpo descabezado.

El jefe de máquinas, se desesperó, tal vez un poco exagerado por el paso normal en que conducía Hamzda, le toma la manguera se dirige a Hamzda y le dice: —ábrele más al grifo—.

Con toda rapidez lava las canastas. Todos empezaron enseguida a llevar las canastas al cuarto frio, almacenar y estibar, para su congelamiento.

Aquí lo pesado es que se trabaja sin parar, día y noche. No terminan de seleccionar y limpiar cuando se deja venir el siguiente paquete sobre cubierta.

Agregando que no se duerme los primeros dos días, el sol se oculta y desaparece. Al que se va quedando enganchado dormido, "ya en estado mortuorio" solo se le deja dormir dos horas, se le levanta a continuar en las maniobras o en la selección y el que sigue.

Hasta que la tripulación ¿regula? ¿se adapta? ¿no se sabe? pero la labor es titánica, ¡solo para pescadores!

Diciembre está por terminar. Hamzda calculaba que la pesca de camarón había sido bondadosa y el cuarto frio se encontraba repleto. Descargar tienen que… esta próxima acción, estaba dentro de sus planes.

Hamzda entrelazaba sus conjeturas. Contemplaba el mar con una grave expresión en su semblante.

No era engaño, tampoco se equivocaba, se sabía, que tenía toda la hechura de un rebelde. Oscurecía, su barco avanzaba con él sentado, sobre el puente a la salida de la chimenea, sobre la cabina del piloto.

Mira hacia un lado del barco que va cortando las aguas y las curvas de sus crestas cubriéndose con fosforescente.

Tenía ambiciones, pero no mucho tiempo o no deseaba que tomaran tanto tiempo. Tenía prisa, pensaba diferente y eso le daba miedo.

—Las líneas paralelas no se juntan— pensó —una cosa es moverse sobre el mar y otra es moverse sobre la tierra. He caminado a través de las nieblas del desconcierto, hacia los cerros que, quietos, se mantienen sin ninguna queja, a la distancia. Me afano, sí; pero está todavía no es mi meta—.

Normalmente siempre se tomaba tiempo para definir ¿Cuál sería su siguiente paso? Cuando se trataba de estudiar, se daba a la tarea de programar y definir seis meses antes:

—Donde quería estudiar, en que escuela, que tenía que hacer para estar allí, que necesita para estar allí—.

Sus reflexiones se limitaban solo a presentar convicciones a las que había llegado tras arduas limitaciones, caídas, soledades y consistentes meditaciones.

Oportunidades son las que buscaba. Se levantó y de un salto se posó sobre el pasillo de la cubierta —estas no vendrán a mí, yo tengo que buscarlas, y seleccionar— pensando en voz alta.

—¡Vamos a casa!— exclamó el capitán —tenemos que descargar, tomaremos algunas provisiones, el viaje será largo, descargaremos en otros puertos, hasta que se acabe el bendito crustáceo—.

Justo lo que esperaba Hamzda, el capitán le observó. Hamzda volteó hacia él, ambos se encontraron con la mirada.

—¿Bajarás?— le pregunta el capitán, intuyendo la respuesta.

—Sí— le contesta —debo aprovechar este periodo de vacaciones escolares para realizar algunas diligencias—.

El barco arroja sus anclas, se acerca una panga a la embarcación para dar alojo al tripulante que llevaría al malecón del puerto.

Hamzda sería el único que abandonaría el barco, toma sus cosas y se dirige a la borda. La tripulación de pie a un lado del mástil, lo observaba tomando su camino y despidiéndose de él con la mano levantada.

Mas no así, el jefe de máquinas que se mantenía sentado en la borda de popa. Con gesto que no le gustaban las despedidas y menos si no era de su agrado el "tecniquito".

Hamzda, arroja su bolsa de equipaje hacia la panga y observa de soslayo que el jefe de máquinas, se levanta y se dirige hacia sus compañeros, haciendo mímicas con su cuerpo, que no interpretó con claridad, pero intuía desaprobación o se quitaba un peso de encima.

Nunca lo sabría, pero le dio pié a que se diera media vuelta, se dirige hacia la tripulación.

Esta vez sí dirige la vista hacia el jefe de máquinas.

—Mi admiración y respeto para usted jefe de máquinas— le dice.

—Y para todos ustedes, compañeros y buenas personas—.

Le regresa de nuevo la mirada a su jefe de máquinas.

—Pero le digo con humildad, usted se quedará y seguirá haciendo lo mismo— continúa.

—En mi escuela nos preparan para ser mejores, tener sueños, no seguiré más aquí, no seguiré haciendo lo mismo. Buena suerte—.

La panga aparca sobre el malecón. Hamzda toma sus cosas, da las gracias al panguero y se dirige hacia la casa del director Alfonso; su padre putativo.

Se acercaba a la casa del director. El sol se ocultaba, el horizonte se volvía rojizo. Se envolvió más en sus pensamientos, e impedir que se fugaran al sentir que el viento soplaba con más fuerza.

Toca a la puerta —¡pásale!— Alfonso grita desde adentro. Hamzda abate la puerta y da unos pasos para ingresar.

Se para dónde inicia la sala, sobre el sillón esta una persona, ya mayor con ojos pequeños y orientales leyendo un libro, muy distraído. Sin inquietarle los eventos externos de fuera de su burbuja.

Al fondo como subiendo un nivel de piso, la mesa del comedor y Alfonso en su silla, con los brazos cruzados sobre la mesa con un matamoscas en la mano. —¡párate mosca! ¡te prometo, muerte instantánea!— gritando con voz amenazante, al terco insecto.

Como siempre su característica personalidad, voltea a verle, desvía su cabeza y su mirada, sigue buscando la mosca rebelde.

Ni una palabra.

Para Hamzda no era desconocida su actuación. Quien no lo conociera, se sentiría turbado e inmediatamente abandonaría la visita, sintiéndose agredido, molesto por su conducta.

Se conocían muy bien los dos. Sabía que Alfonso solo se estaba dando tiempo para dosificar la proporción de su presencia. No lo esperaba, lo hacía en mar abierto, descabezando camarón.

Al fondo todavía su recamará a media luz con su lampará de buró. A su lado derecho el cuarto de la cocina, dentro de ella la hermosa silueta de su esposa, afanosa en su quehacer.

Hamzda deja su bolsa de equipaje sobre el suelo, erguir y empezar el dialogo.

—Esté es el joven del que le hablé doctor Matz— habla Alfonso, adelantándose.

El doctor Matz, asoma los ojos sobre sus lentejuelas, arroja la mirada a Alfonso, enseguida en dirección a Hamzda.

Le observa unos segundos, alejando sus lentejuelas con el brazo, se acomoda tomando aire con expresión meditabunda.

—Doctor Matz joven— replicó con voz queda.

El doctor Matz se encontraba de visita en casa de Alfonso, solía hacerlo regularmente una vez al año. Le encantaba que Alfonso con sus alumnos tomaran las embarcaciones muy de madrugada y lo llevaran a pescar.

Regresando se daba a la tarea de filetear y freír sus filetes de pescado, hasta que se le inflara la panza y no pedir más a la vida. Solo eso: "convertirse en pescador, unos segundos…".

Para Alfonso era su padre putativo, como lo era Alfonso para Hamzda.

—Aparte de que no traes contigo una pizca de camarón— le reclama Alfonso —¿qué se te ofrece?—.

Hamzda dirigió su mirada a Alfonso y se encogió de hombros con aire nervioso. El doctor Matz sonrió ante su evidente aprieto.

—Voy a ir a estudiar la preparatoria al CETYS Universidad de Mexicali, aplicaré para obtener beca, en caso de que sea aceptado; me darían el noventa por ciento, el diez por ciento que falta deseo saber si usted me apoyaría—.

Alfonso se incorpora sobre el respaldo de su silla, abriendo los ojos y extendió la mirada hacia Hamzda. Inclina su cabeza hacia su mesa, realiza unos parpadeos.

Enseguida su típico movimiento con su brazo y con su mano abierta limpiar sobre su área. Señal de que la petición de su alumno era enorme y su cuadro de expectativas se venía abajó y tenía que darle pronta respuesta.

El doctor Matz bajó la mirada, la envió por unos segundos al pasado, habló: —permíteme que te haga una sola pregunta:—

—¿Por qué has decidido no continuar en la Pesca, en la Marina?—.

**••• Bien, aquí hare una breve analogía histórica, •••
solo para identificar esta pregunta retórica.**

El plan educativo de Escuelas Tecnológicas Pesqueras, viene de mucho tiempo atrás y grandes hombres idealistas, inteligentes, con perspectivas gigantes se han dado a la tarea de generar planes de estudio para que los jóvenes se preparen académicamente, tecnológicamente.

Estos lleven, acerquen a las comunidades los productos pesqueros para su alimentación, conservación y comercio.

Al mismo tiempo esta práctica genera ciencia, tecnología, salud, crecimiento, fuentes de trabajo, planeación y desarrollo de la navegación marítima.

Ante el silencio, con insólita mirada, Hamzda se endereza, pasó su lengua por sus resecos labios y exclamó:

—¿No creen que yo he comprendido cuán fácil sería seguir siempre la corriente del pescador?—.

—En seis meses más se termina mi estancia aquí, en mi escuela, que tanto he amado, agradecido con lo que me han brindado, con lo que han hecho de mí—.

—Estos últimos tres meses en mar abierto, el barco de pesca en el que me embarqué me indicó claramente hasta qué punto son profundamente rutinarios los marinos de hoy en día—.

—Pero más doloroso es enterarse que las ordenes, no se dan arriba del mar, ni en toda la flota pesquera o marítima—.

—Arriba del agua, con título o sin él, solo se trabaja, el esfuerzo del trabajo no se vuelve digno para nadie, las nóminas endebles, pobres, la riqueza mal distribuida—.

—No; si puedo hacer algo lo tengo que hacer desde tierra—.

—Desde allí es donde se dan las ordenes, se planea, se garantiza la dignidad, el buen destino de los pescadores, de los marinos, de sus familias—.

—Si me preparo en tierra en cualquier profesión, oficio o riqueza y con ello volver la vista al mar, para ofrecer mis servicios, no será para que sea más grande, será solo para ser parte de—.

Los dos escuchaban en silencio.

La voz de Hamzda bajó de tono al continuar:

—Sí, repito. Estoy muy agradecido, pero debo ser franco—.

—¿Qué piensan hacer con sesenta y cuatro alumnos egresados de Técnico Pesquero?—.

—¿A dónde deben de ir?—.

—¿Qué camino se les tiene preparado para que continúen en la educación pesquera o marítima?—.

—¿Qué sigue?—.

—Si estoy equivocado corríjame— continúa Hamzda.

—Lo que si tengo claro es que voy a portar un certificado de Secundaria y este me permite continuar con la Preparatoria, después ¿no lo sé?—.

—Egresando de aquí, tendré veinte años, tengo prisa, espero me entiendan—.

—El que sabe lo que quiere, tiene la mitad de la vida ganada— dijo el doctor Matz con voz trémula.

Ambos, Alfonso y Hamzda observaron los ojos húmedos del doctor Matz; guardaron silencio.

—Cuenta con ello— le dice Alfonso, dirigiendo la vista hacia Hamzda.

—Todo lo que esté en nuestras manos será depositado en ti. Me encargaré de que obtengas tu beca—.

El doctor Matz extiende su mano entregando una tarjeta a Hamzda.

—Lo que necesites, cuando necesites, dondequiera que estes, comunícate, con gusto serás atendido—.

—¿Te quedarás en el internado?— pregunta Alfonso.

—No, voy a Mexicali, tengo algunas diligencias pendientes. Ya tengo boleto; la salida es en quince minutos. Que tengan Feliz Año—.

Capítulo XXXI

31. Los Becados.

Hay en la naturaleza de la gente, en la disposición sociable y vivacidad que son las principales características de la ciudad de Mexicali, una idoneidad y facultad particulares para la agricultura, y la creación de institutos educativos con voluntad cívica.

Como sus predecesores, han ido y venido. La congregación de muchos de los mejores representantes de los grandes pueblos, y la difusión en sus espléndidos pabellones de los mejores productos agrícolas. El orgullo y la maravilla de la civilización moderna.

La ciudad con ellos, mira con satisfacción con gran esperanza a través del aire de verano alrededor de los límites lejanos de esta hermosísima tierra del algodón, del trigo.

Ser atravesado por todo el futuro con un cielo tan tranquilo y una frontera tan apacible como el cielo vespertino y el paisaje insondable del Valle de Mexicali.

El presente y el futuro indica, la existencia de un gusto mejorado entre las masas.

El vicioso apetito por la educación en un pueblo marca el comienzo de su sólida fortaleza y prosperidad, así como el nacimiento y el predominio de la virtud y el vigor de un Estado.

Necesario es ejercer una poderosa influencia para subyugar los prejuicios irracionales y las pasiones de la naturaleza humana.

Alfonso llega al estacionamiento de CETYS Universidad, ya se habían hecho los preparativos para su llegada.

Saluda al llegar, lo atiende la secretaria, le comunica que lo esperan en la Sala de Juntas, le acompaña y le indica que pase.

La sala estaba confortable y sencilla. Primeramente, se percató de la presencia del doctor Felix, Rector de la Universidad, a quien ya conocía tiempo atrás desde que llegó a CECATI Mexicali, sus relaciones de intercambio y como maestro de CETYS Universidad.

Recibe cordial bienvenida y le presentan a sus colegas.

—Aquí nos tienes Alfonso— le expresa doctor Félix —¿en qué te podemos ayudar?—.

—Tengo sesenta y cuatro alumnos egresados de la Escuela Tecnológica Pesquera de San Felipe, B. C.— les dice Alfonso.

—Treinta de ellos desean venir a integrarse a esta su Institución; becados—.

Todos se reacomodaron en sus sillas, impactados por lo que estaban escuchando, menos el doctor Felix. Empezaron a girar sus cabezas hacia los lados, con los ojos bien abiertos, buscando información o respuestas entre los compañeros.

El Ing. Ángel director de Preparatoria lo escuchaba serio y pensativo, le encantaba la idea de Alfonso, sabia de su audacia y su amor por la educación, y sus alumnos.

También había sido su alumno de la primera generación de Ingenieros Industriales, expresó una pequeña muestra de sonrisa de afecto, y admiración. Esperó, esperó su turno para hablar.

—Ellos son grandes elementos— continuó Alfonso —muy valiosos con educación marítima y de pesca a nivel técnico, con su Certificado de Secundaria—.

—Su situación económica es pobre, sus familias no cuentan con respaldo económico. Solo los ampara su inteligencia y sus deseos de continuar con sus estudios de preparatoria e ingresar a una carrera profesional. Todos ellos con la idea de incorporarse de nuevo a la Marina y a la Pesca—.

Para los presentes escucharlo fue relevante, de convencimiento, no habían tenido la oportunidad de escuchar a una persona expresarse así del ser humano, de la fe hacia sus alumnos, de su convencimiento de que todo era posible, la causa noble de ofrecer la oportunidad al prójimo.

—¿Cómo la ve ingeniero Ángel?— pregunta doctor Félix.

Ángel, aventaja con una sonrisa franca —sería maravilloso, maestro Alfonso, en verdad. Antes de poder darle una respuesta, tengo que hacerle algunas observaciones, que no desconoce tampoco—.

—Somos una Institución que se sostiene con la Iniciativa Privada, y otros muy importantes apoyos, con grandes personajes que también usted conoce muy bien, que colaboran, forman y ayudan a nuestra Institución—.

—El contenido de la barrera ante su propuesta es que nos manejamos con reservación de presupuesto a tres años, dependencia de las aportaciones e ingresos, tenemos limites, solicitamos permisos, tenemos también dependencia de la Secretaría de Educación—.

—No, no podríamos asignar treinta becas a sus estudiantes— continúa —y no sólo de su escuela—.

—Solo contamos con cuatro salones. Solo podríamos admitir a uno por cada salón—.

—Todavía tenemos una lista de más alumnos para beca de varias escuelas de la ciudad, del valle y foráneas—.

—En las mismas condiciones, con altísimo nivel académico y de bajos recursos económicos. Tenemos que cumplir con un mínimo de becados, reglas de la Secretaría de Educación—.

—Lo sentimos Alfonso— le expresa doctor Félix.

—¿Cómo es que siempre decimos las cosas equivocadas?—.

—Así es el sistema—.

—¿Entre ellos se encuentra uno de tus egresados del CE-CATI?— le pregunta.

—Sí, él fue quien me envió aquí, después de desembarcar, fue a mi casa, allí se encontraba también el doctor Matz de vacaciones, lo escuchamos—.

—Nos informó que se vendría a esta Institución a estudiar, me pidió que si podríamos ayudarlo. De allí nació toda esta revuelta de traer a los alumnos de la Pesquera a tu escuela—.

—Aquí vino, los primeros días de enero— agregó ingeniero Ángel.

—Le abrimos expediente, nos explicó que sería egresado de la Técnica Pesquera, que su deseo era estudiar el Bachillerato Único con nosotros, pidió requisitos y se los entregamos—.

—¿Entonces me reciben a cuatro de mis hijos doctor Félix?— pregunta Alfonso.

—¿Incluyendo al temerario de Hamzda?—.

—Por supuesto Alfonso, siempre serás bien recibido y tus alumnos también, cuenta con ello— le resuelve doctor Félix.

—Salúdame al doctor Matz de mi parte, estamos en contacto— toma sus cosas y se retira.

Alfonso fue a buscar a su gran amigo, aquel de los 180 grados. Aquel día cuando se incorporó a la educación.

—Me quedan 180— pensó.

Aquella vorágine dentro de él, lo cercaba.

—¿Cierro el ciclo, o …?—.

—Ya sabías Alfonso— le dice Rubén.

—No, no lo sabía— con tranquilo susurro de voz.

Alfonso pensativo ve fijamente hacia la profundidad de la nada. El silencio se toma su tiempo para apagar su dolor, resolver donde había elegido equivocadamente, cuestionarse en qué punto debió ser más inteligente, tener las respuestas a las manos, para cuando llegara este momento. O debió no haber aceptado este compromiso, mucho tiempo atrás.

Ya estaba arriba del barco, como capitán no lo abandonaría por nada del mundo, así fuera preciso hundirse en la profundidad del océano.

—Los atrapa el sistema Rubén, son grandes personas, que aman y entienden la educación—.

—Sin embargo, no se dan cuenta que la tendencia arruina la esperanza de los alumnos, de los individuos—.

—La decisión que esgrimen es que la Institución es para los alumnos, es "selectiva". Dejan a un lado a los alumnos, a los individuos que son los que construyen las Instituciones—.

—En ningún momento rechazaron la propuesta, pero se ataron las manos minimizando los recursos. Obedeciendo, administrando en la medida de sus posibilidades, de su estructura—.

—Aquí lo que no funciona— continúa Alfonso —es la operación del gobierno, los que se encargan de la Educación Administrativa—.

—Por esta debilidad se concentran y se edifican Instituciones Privadas, a rienda suelta. Por eso es "selectiva", las familias, los alumnos que buscan calidad académica no tendrán acceso a menos que tengan el poder económico—.

—Entonces el gobierno, las instituciones educativas junto con los ilustres y doctorados de la educación no les alcanza la vista o se hacen de la vista gorda y cuidan el presupuesto, "su presupuesto". Manteniéndose neutrales—.

—Todo porque ni siquiera pusieron un pie en las escuelas públicas—.

—Dando como respuesta a los ciudadanos a los alumnos: "No hay lugar, no pasaron el examen" cuando en realidad no tienen la menor intención de mejorar los planes de estudio, con laboratorios, con capacitación gradual para los maestros, acrecentar las metodologías técnicas, desde el nivel medio superior y profesional, voltear a ver la pesca, la navegación—.

—Existen los medios y los recursos— continúa Alfonso —y es posible sostener a los estudiantes en el camino—.

—Francamente lo que no esperaba que sucediera es que uno. Uno de ellos se enterará de nuestro talón de Aquiles. Nos arrojó las palabras—:

—¿Qué piensan hacer con sesenta y cuatro alumnos egresados de Técnico Pesquero?—.

—En verdad te digo Rubén, no me preocupan los becados, me preocupan el resto, ¿qué voy a decirles?—.

—No puedes, ni debes decir nada— recalca Rubén —tú mismo lo has dicho: cuando se toman decisiones así, te llevas entre las patas de los caballos a otros—.

—Los tomaste, se le dio cobijo, se les dio educación, aprendieron, se formaron por tres años, tendrás que dejarlos ir—.

—Es tan largo contar Rubén, solo me desahogo, pero nada cambió—.

—Tengo dos horas en lo que llego a la Escuela Pesquera y tengo que tener las respuestas para los elegidos becarios y el resto de mis marineros—.

Alfonso llega a su casa, muy a punto. Toma algunas bolsas con algo de mandado, ingresa, saluda a su mujer y se dispone a surtir la alacena.

Se sienta en el comedor. Su esposa, había preparado camarones, su olor se había encargado de recorrer la casa, ajos freídos en aceite de olivo, con camarones tendidos encima a fuego lento y una pizca de sal de grano. —Hola,— le saludó con una sonrisa —si me das un minuto, te sirvo— y le adelanta un vaso con jugo de naranja.

Se llevo el primer camarón a la boca mirando a la calle a través de la ventana de cristal. Vio pasar unos jóvenes con uniforme escolar, pero Alfonso ya tenía la mente lejos de allí, aun no tenía punto de partida.

Recordó los primeros días que empezó a reclutar a sus alumnos, invitándolos a ser pescadores.

Sus caras tiernas, aceptando con sus ojos húmedos, el alma incrédula y la sonrisa débil.

De lugares que no eran para invitarlos, pero se atravesaron.

Se atravesaron sus padres, se atravesaron sus madres.

—Lléveselo con usted señor, …—.

En su mano detuvo un camarón a medio vuelo y se concentró en aquellos momentos. Alfonso seguía comiendo camarones por pura inercia, los recuerdos lo envolvían, sus pensamientos se amontonaban.

Midió el tiempo. Se volvió hacia su esposa y le pidió café, con el que cerraba la comida.

—¿no quieres nada más?— se sorprendió su esposa.

—No, tengo que hacer otra parada— dijo Alfonso, pero lo cierto era que tampoco tenía hambre.

Alfonso encendió un cigarrillo y permaneció de pie sobre el malecón, un catamarán se alejaba sin prisa, delgado, firme con el filo de sus proas, avanzando sin dejar huella.

Contemplaba el plano del mar con los reflejos del sol que saltaban y desaparecían.

Pasa una panga con sus pescadores, los remos entraban y salían del agua, con destino incierto para él.

Multitudes de rocas eran desvestidas por la marea asomando aquí y allá. A lo lejos las embarcaciones camaroneras, peinaban el fondo del golfo con sus aparejos, al vuelo de sus tangones, bajo la ávida vigilancia de las gaviotas.

Cerca de las piedras, allí, un hombre en un bote de remos, con el ancla fondeada, esperaba engañar algún pez hambriento que se aventurase a atrapar su curricán.

A lo lejos vio un par de veleros, tendiendo de sus mástiles sus velas coloreadas. Decidió que ya era tiempo y se dirigió a su escuela.

Los maestros, entre ellos el sub director están reunidos en la biblioteca.

—No se enfaden— les pide Alfonso —parece que estoy de muy mal humor, pedí que se reunieran porque ustedes tendrán que arrojar la tarraya y seleccionar— les exhortó.

—Pues a mí me vienes al pelo— le interfiere el sub director, se revolvió inquieto —yo también estoy de mal humor, pero tú, ¿por qué?—.

—Porque estoy cabreado conmigo mismo— le contesta Alfonso, dirigiendo la mirada a los maestros.

Ataja: —¿Por qué será que aprovecho cualquier ocasión para sentirme culpable?—.

Ante tal confesión los maestros echan a reír.

—Bueno, eso no es grave Alfonso— le respondió en voz baja el profesor de química.

—Sentirse o no sentirse culpable— comenzó Alfonso —creo que todo radica en eso, la vida no se mide en términos dc fragilidad o importancia—.

—Es; porque nosotros le damos vida, se alimenta de nuestros éxitos, de nuestros fracasos o convencernos de que vivir de prisa es una manera de fortalecer la vida, resuelves rápido y vives hoy—.

—Es una lucha— hace una larga pausa; arrojando la vista hacia algo o a la nada ...

—Cinco estudiantes de esta su escuela serán candidatos a beca para estudiar en CETYS Universidad de Mexicali—.

—Aquí Araceli les entregará el historial y estadísticas que se crearon de todos los estudiantes, lugares de origen, calificaciones, responsabilidad, conducta, cualidades, desempeño, méritos—.

—Ustedes los maestros tendrán en su responsabilidad seleccionar a cuatro estudiantes—.

—Quien sería el quinto ya se les adelanto, les quedan cuatro—.

—No hay reglas, voy a pedirles que en su elección consideren todos los lugares de donde fueron traídos, lo demás y las formas está en sus manos—.

—De lo que se hable y se decida aquí, no saldrá de aquí—.

—Ni una palabra. ¿Sentirse culpable o no? el tiempo dará las respuestas—.

—Debemos amar, admirar, honrar y respetar a los que se ganarán esta oportunidad, pero más a sus compañeros que justificaron sus lugares, los respaldaron, les compitieron, los acompañaron por tres años—.

Capítulo XXXII

32. Ausencia de malicia.

•La malicia se define por la forma en que comprendemos•
en la conciencia de quien pronuncia un juicio,
abandona las reglas, se descuida,
no mide la figura de la experiencia,
se concilia con la subjetividad.

La malicia se percibe, está vinculada a los sentidos,
sí se toca producirá placer.

Es un juego de dos.
El que dirige, el que ordena, el de la experiencia.
El otro el que ejecuta, el que obedece.

Hamzda. —¿Qué paso? ¿hice algo indebido?

Alfonso. — Nada.

Hamzda. —¿Nada?

Alfonso. —En realidad, sí debes hacer ajustes—.

—Si por alguna razón yo no me muevo, no tomes iniciativas en base a creer que es por negligencia—.

—Sugiere o consulta que quieres hacer, nunca tomes decisiones por tu cuenta. Nunca. (repite de nuevo)—.

—No sigues las instrucciones podrás echar a perder el objetivo—.

—El objetivo era inscribirnos a tiempo— recalca Hamzda —e iniciar las clases a tiempo—.

—Eso es solo el protocolo, tú ya estabas adentro— Alfonso, con voz impositiva —faltaban cuatro más de tus compañeros—.

—Pero usted no tenía para cuando salir— Hamzda con enfado —todos los días por tres semanas seis de la mañana ya estábamos listos con nuestro equipaje y documentos; se aparecía a las cuatro de la tarde y se suspendían las salidas recibiendo la misma información: mañana 6 am. Por supuesto que me desesperé y actué por mi cuenta—.

—Me inscribieron, me asignaron salón, llevo dos semanas recibiendo clases. Usted se tomó dos semanas más postergando la salida—.

—En respuesta, mis compañeros fueron malamente reacomodados, no les hicieron exámenes de evaluación—.

—Que realmente no sé cómo lograron un lugar— continúa.

—Al final, pienso que me usó de carnada, me dejó ir a propósito para comprobar la inscripción y las becas—.

—Al inscribirme, enseguida la institución prepara documentación y abre cuatro carpetas para los alumnos que usted entregaría y se legitimaba la inscripción—.

—Sí,— le confirma Alfonso.

—Maestro,— le reclama, Hamzda —¡ellos podrían haberse quedado fuera!—.

—Déjame decirte algo…— objetó Alfonso —tú eras la operación, yo la dirección, y como tal, utilizaré maniobras que tu desconoces, y mejor que no las conozcas, aún—.

—Tú eras el activó— continúa Alfonso —alguien tenía que usar tus habilidades cognoscitivas—.

—¡Ho, no!— objetó Hamzda —usted no debe tratar a estas personas como jugadas obedientes—.

—No se dan por enterados— resolviendo Alfonso —no son como tú. Son buenos, ¡muy buenos! e inteligentes, pero no ven lo que tu vez, no sienten lo que tu sientes—.

—¡Esto no es para ver quien aguanta más!— reclama Hamzda —no es un juego—.

—¡Ho!, sí que lo es— insistió con voz alta, Alfonso —es exactamente lo que es. Mas, no es el juego de niños, que estás pensando. Este es otro juego, y es serio, es prometedor, y no es uno que queremos perder—.

—Maestro— insistió Hamzda —solo espero que no aprendan a hacer las cosas tarde. Hacer las cosas a tiempo, es el privilegio de hacer las cosas bien—.

—Precisamente de eso se trata— le confirma Alfonso.

—Porque lo que hacemos es, por fortuna o desventura muy necesario, veces con sacrificio, pero lo aceptan, porque confían en nosotros—.

—Solo quieren que los pongamos allí, en el lugar. Así, todos ustedes se encargarán de lo demás, el juego no se va a poner fácil—.

*****

Campeche 1975. Participa en la entrega de Certificados y Libretas de Mar, de la primera generación de egresados del Subsistema de Educación Tecnológica Pesquera.

Capítulo XXXIII

33. UNESCO.

Alfonso se enroló en los planes y programas de estudios para los futuros centros de Estudios Tecnológicos del Mar, nivel subsecuente de la Educación Secundaria.

UNESCO. Organización de las Naciones Unidas para la Educación, la Ciencia y la Cultura cuyo objetivo es promover la paz y la seguridad mundiales a través de la cooperación internacional en educación, artes, ciencias y cultura.

Esta institución se interesó por la visión de los programas de organización, administración de Alfonso que contribuían al desarrollo de complejos educativos, que reafirmaban los derechos fundamentales, la dignidad y el valor de los estudiantes.

Fue instructor de perfeccionamiento profesional para directores de secundarias en Oaxtepec, Morelos. Cursos auspiciados por la UNESCO.

Se le pidió que formara parte del equipo de la UNESCO, que imprimiera sus procedimientos, formara su equipo de gente. Interesados por sus éxitos logrados como administrador de la educación.

Realmente Alfonso ya transitaba en otros renglones, ahora su principal preocupación era la formación y perfeccionamiento del personal docente.

Necesitaba obtener el balance de los resultados académicos, profesor-alumno.

Lograrlo implica elevar el nivel de recursos, laboratorios, tecnología, comunicación.

Régimen de internado 1977. Alfonso se traslada al puerto de San Carlos, B. C. Sur. Para apoyo al sistema que mantenía sus problemas propios de escuela internado.

Encontró como principal problema la falta de estructura, instalaciones de la escuela.

Cuenta con la valiosa ayuda de sus compañeros, del CAP-FCE.

Se necesitaron tres meses de intensa labor. Dejando una escuela ejemplar y sin conflictos.

Recibiendo de las autoridades educativas y sindicales testimonios de agradecimiento.

Capítulo XXXIV

34. Descentralización.

La unificación 1978, se inicia en México D. F. con los sistemas de educación tecnológica, nivel secundaria.

Para unirlas en un solo nivel denominado "Secundaria Técnica" proceso que dificultó su operación, supervisión y evaluación.

Posteriormente se descentraliza la educación y las escuelas de pesca quedan al garete y sin control.

Para Alfonso, la deficiente organización toca los puntos más débiles.

Comprendiendo con mucha visión la difícil tarea de la educación.

Alfonso estiró al máximo el margen de control educativo.

Sin embargo, por su eficiente organización lo seguían apoyando las recientes autoridades de la Delegación de la SEP.

Capítulo XXXV

35. Empresarios.

Seis jóvenes en su lozana edad, profesionistas, unos ya con la herencia transmitida de sus padres, en el programa de comerciantes. Pero todos ellos con el hambre aventurera de crear, de realizar, de conquistar. Dialogaban dentro del auto, que se dirigía al puerto de San Felipe.

—¡Que locura!— sonriendo Héctor inquisitivo. —no sabemos nada de pesca o navegación y aquí estamos. Tenemos a nuestro favor el ser prácticos, convencidos de que, en esta vida, todo para en dinero. ¿no crees tú también Sergio?—.

Sergio se frotó los ojos; no había prestado atención a la última frase de su amigo, de modo que sólo había comprendido la última palabra pronunciada.

—Desde luego, desde luego— respondió precipitadamente, con zafia expresión —sólo que no sabemos si será mucho. ¿alcanzará con lo que tenemos?—.

—¿Cómo? ¿qué?— exclamó Héctor violentamente, con sus grandes ojos saltones —¿qué es lo que no alcanzará con lo que tenemos?—.

—¡Pues el dinero! que vamos hacer si se necesita de mucha inversión—.

Silencioso y malhumorado miraba ahora también Pedro fijamente hacia la amplia y desértica carretera. Mientras tanto continuaban su viaje para su encuentro con Alfonso en el puerto de San Felipe.

Alfonso recibe en su casa al grupo de jóvenes. Ellos, con la idea de construir una empresa sólida para comercializar con el crustáceo del camarón.

La oportunidad asomaba con buenas condiciones y con alternativas propicias. Por encima la operación y las variables se veían claras.

Requerían de más información, llegar a acuerdos, negociar, reconocer el patio trasero, lo que no se ve, lo que se maneja como "valores entendidos", donde los engranes giran, las cosas suceden y el comercio del crustáceo se desparrama. Para sus propósitos nadie más conocedor que Alfonso.

Alfonso en su silla los invita a que tomen lugar. Pedro y Beto se dirigen a los sillones de la sala, toman asiento. Uno prefiere estar de pie entre la sala y el comedor. Que era el que tenía experiencia en el movimiento pesquero, los procesos del camarón, era el intermediario y conocía a Alfonso.

Convenció a sus amigos la idea de comercializar el producto, ellos contaban con los medios. No industriales y de gran inversión, pero si, con todos los propósitos de llegar a ese punto. Convertirse en máquinas para hacer dinero. Fer, Héctor y Sergio toman las sillas del comedor, junto con Alfonso.

—Queremos comercializar el camarón— habla Héctor —de aquí se puede obtener el producto terminado, ¿qué probabilidades hay de convertir esto en una empresa comercializadora?—.

Alfonso circunspecto en su actitud, requirió de usar los tiempos, de la historia, del control, del poder adquisitivo, de los cochupos, de la corrupción, de los endebles enlaces entre pesca, comercio y gobierno.

Habla Alfonso —Hay evidencia de la inexistencia de trabajos geográficos para considerar la actividad económica pesquera—.

—¿Qué son y qué papel juegan las cooperativas pesqueras?—.

—Las cooperativas pesqueras, principalmente de pequeña escala, son para maximizar los beneficios comunitarios a largo plazo, enfrentar las amenazas que suponen una mala gestión en el sector pesquero y la inseguridad en los medios de subsistencia y la pobreza—.

—¿Qué es y qué papel juega la Ocean Garden?—.

—Ocean Garden es el distribuidor de dos terceras partes de las exportaciones de camarón mexicano y el máximo representante del producto en el mayor mercado consumidor como es Estados Unidos—.

—Veamos entonces como resuelve este emporio su control. A diferencia del comercio oriental entre nipones y chinos que han explotado el recurso pesquero de nuestros litorales desde los años 1920's—.

—Mientras aquí en nuestro país se mantienen intercambiando las canastas administrativas entre la iniciativa privada y gobierno—.

—En este momento la administración y el control está en manos de la iniciativa privada. Hace algunos años el gobierno se declaró incapacitado, creó; por falta de gente capacitada, el deterioro administrativo y con la corrupción en su máxima expresión—.

—Con estas políticas se entra en contradicción con los contratos continuos que los gobiernos mexicanos firman con inversionistas foráneos o empresas nacionales, pero de capital transnacional. Donde manos extranjeras valorizan y explotan ciertos aprovechamientos marinos y de pesca—.

—El comercio internacional, centralizado en San Diego, se orientó mayoritariamente a los mercados asiáticos—.

—Aquí me permito hacer un paréntesis, si ustedes me lo permiten. Qué es crucial para la tarea que ustedes quieren emprender, que quede definido y claro si podrán competir, tener a un lado de la báscula un frasquito cerrado y dentro un papel con el mensaje: "sexenio gubernamental"—.

—Con este termómetro podrán definir la función de su empresa. Es mi punto de vista solamente—.

—Mientras no se tenga la bolita mágica que nos informe que pasará mañana. Como también será posible cruzar la línea—.

—Todo puede pasar—.

—Abro paréntesis: Ocean Garden, llega a la Cooperativa, trae consigo toda la información detallada de la operación de esta. Cuantos barcos tiene, cuántos empleados, cuantas toneladas de capacidad de captura obtendrá. desde que se abre la veda, hasta el cierre de veda del camarón—.

—La cooperativa determina el costo del producto terminado en 1X, el cliente (Ocean Garden) le ofrece 4X, le indica que el pago del producto terminado, se efectuará por adelantado y con un año de anticipación, en esta inversión bancaria se incluye: Mantenimiento a las embarcaciones, la nómina anual, el flete, y todo el producto, absolutamente todo el producto capturado será directamente de su propiedad, desde el momento que este sea depositado en la cubierta de la embarcación—.

—Enseguida, será enviado directamente a su empresa, y en las condiciones ideales de conservación. Si hubiera pérdidas, estas se cargarán en negativo al capital de inversión. Cierro paréntesis—.

—¿En qué se convierte este proceso?—.

—En qué grupos de empresarios extranjeros obtengan del gobierno federal la concesión exclusiva—.

—Todo con la posibilidad de estar exentos del pago de impuestos, con la única condición de establecer una fábrica de conservas y permitir la pesca de autoconsumo a los lugareños—.

—"Permitir — la pesca de autoconsumo — a los lugareños"— (Repitió dando saltos a la frase, con voz pausada…).

—Aquí es donde entramos nosotros, con su base legal y autentica—.

—Les haré llegar el producto terminado; la marqueta de camarón. Una vez que lo reciban, efectúan pago por lo recibido. Ustedes inician su comercialización. Nosotros adquirimos el producto, se les garantiza la selección de tamaño del U26-30 al U16-20. Cuatro libras de peso (dos kilos)—.

—Se utilizarán charolas para depositar el camarón, serán puestas en baños de salmuera para su congelamiento. El block congelado se envolverá en papel serafina y estarán listas para transporte o que ustedes se lleven el producto—.

—El flete será cargado a la cuenta de ustedes—.

—Cuando el producto llegue a ustedes, deberá ser almacenado de nuevo en cuartos fríos para su inventario, actualizan su bitácora, y su comercialización. Se da a ganar, se reparte el dinero y el éxito no falla—.

Los jóvenes empresarios aceptaron el reto, no se les atravesaron dudas. Se establecieron los precios, los tiempos, los días, el transporte, se ordenó el primer envió, efectuaron el primer depósito, se intercambiaron información: nombres, direcciones, teléfonos. Se despidieron, se dirigieron a la salida, tomaron camino de regreso rumbo a Mexicali.

Saldo.

El manejo comercial de los jóvenes empresarios ganaba terreno comercial, el monto de maquetas se incrementaba en cada pedido. Los clientes buscaban el producto y se corría la voz. Sus clientes por primera vez tenían en su hogar producto que solo era de exportación: tamaño, limpio, fresco, precio justo, entrega directa a domicilio. El negocio pintaba bien.

Mientras que los ingresos en mano de obra por maqueta de camarón, elaborada por la Escuela Técnica Pesquera escalonaban en aumento para beneficio de los alumnos de su internado y su administración. El comercio se movilizaba dentro del puerto, fletes, transporte, pescadores, servicios. Hasta que el producto terminado llegaba a manos del consumidor.

Todo quedaba dentro de un circuló comercial todos se beneficiaban. Este entorno sano, no está permitido, no debe existir en un gobierno lleno de corrupción. Muchos estiran la mano, deseando una parte del botín, del pastel monetario, sin esfuerzo, sin una gota de sudor.

"Dentro del valde, todos los cangrejos quieren salir…pues no saldrán."

De nuevo pasa, lo que tenía que pasar. De nuevo la administración y el control está en "manos" del Gobierno. Se hace responsable y se declara capacitado para su operación.

Toma los barcos pesqueros de las cooperativas, liquida y paga a los dueños de las embarcaciones pesqueras, cambia a los mandatarios, a los mandos militares, abogados, comerciantes, y toma asiento.

Ahora el gobierno administra, aunque continúa con el mismo orden comercial, porque no sabe hacer otra cosa, solo hace un pequeña, pero muy pequeña variación, casi nada…¡centraliza las finanzas! válgame Dios.

Enseguida para evitar todo lo que ellos llaman "mercado negro" o "mercado hormiga" (¡hay les va empresarios!) llenos de pavor y desconfianza llenan todos los puertos, costas, playas con soldados del ejército de vigilantes. Toda embarcación que toca tierra, es vigilada y revisada por sus elementos «CONFISCAR». Ocean Garden continúa.

La "Mini Ocean Empresarios" se declaró inoperable, ya no había quien surtiera maquetas de camarón. Saldo (- , +), insoluble, neutro, nada.

*****

Supervisor 1984 – 1986. Alfonso es invitado para desarrollar labores propias de supervisor de Escuelas Secundarias Técnicas en el Municipio de Mexicali, B. C.

36. Hielo y Abismo.

• Cuando no se esté de acuerdo, despacio debes ir...
•
No todos los abismos tienen la misma profundidad,
no todos pueden ser observados,
no te pide que te acerques, te pide que lo superes.

La pérdida consume, no volveremos a ser el mismo.

No te despediste y no estás de acuerdo.

Con el paso del tiempo se descubren cosas en común. Alfonso pasa por un lado del espejo y se mira diferente. Sentir miedo es una emoción anticipada, no siempre inevitable.

Sale de su casa y toma la salida hacía la playa. Hacia frio o le dio mucho frio, camina pensativo, agarra su chamarra a cada lado de su cuerpo.

Le llega la imagen de su hijo, pero él, se desvanece antes que pueda recordarlo.

Las cualidades de la suavidad,— pensó —vienen y se van

sin ninguna sospecha, con promesas a media luz—.

Por las tardes se reúnen los viejos lobos del mar a sus partidas de dominó en la cabaña construida cerca de las olas del mar, con ventanas en madera adornadas con visillos de cortina.

Al fondo con una vieja estufa de leña, para calentar y preparar el café. El pequeño salón con las mesas repartidas, arregladas con sus manteles y faldones, otras solo con su muletón y encima su lámpara de petróleo.

Los visillos ondean con la brisa que entra por la ventana, las sillas despreocupadamente esperando a los rivales.

Entra Alfonso —¡Ánimo filibusteros!— les saluda.

Alfonso, siempre era el último en llegar. «tarde, por así decirlo». Sus compañeros ya están impacientes por su tardanza. Eran los más afligidos, cargaban deudas en su espíritu.

Dos de ellos, los más nerviosos ya cargaban en sus labios sus delgados cilindros de tabaco, bailando alrededor de su nariz.

Se baten las fichas de dominó, calculan sus estrategia de acuerdo a fichas seleccionadas.

• Cada vez que se lanza una ficha, •
se libera una corazonada, un sentimiento,
una promesa, una batalla.
Mientras más se gane, más se limpia el terreno del alma,
más sacudes las inquietudes.
El juego no es contra los demás, es contra sí mismo.
Cuando se despiden, a puntos ganados, mejor es su sonrisa,
mayor es su satisfacción, mayor es su alegría.
Mañana seguramente regresarán a su juego,
ya sea porque les faltó puntos, porque se quiere recuperar,
o porque no acepta que es muy sonso.

Terminan su histórica batalla del día, se despiden. Salen y uno de los amigos de Alfonso lo invita a tomar algunos tragos de su bota y caminar por el malecón.

—Te veo poco más animado— le dice a Alfonso —¿qué pasa?—.

—Nada— contesta.

—¿Ese nada, pesa mucho?— le responde con risa disimulada.

—Si,— le afirma —he perdido a uno de mis hijos, el mayor—.

—En cuanto a mi trabajo, han trascurrido cuatro años de inhabilitación, a raíz de contraponer mis convicciones con las prácticas monopólicas del sistema, que se resistían al cambio—.

—Con lo de mi hijo,— continúa —todavía tengo miedo dormir, tengo miedo encontrarlo adentro y perderlo de nuevo al despertar—.

—Con lo de mi inhabilitación, terminara el sexenio, tarde que temprano tendrán que desconectar el congelador. A menos que antes alguien necesite de mi trabajo—.

Capítulo XXXVII

37. EST 32.

1991- Se reincorpora a su actividad principal como director de la reciente Escuela Secundaria Técnica 32.

Los días son quietos, por los pasillos pasan recuerdos de imágenes de alumnos, miradas y voces del himno escalan por el mástil, "Ciña, oh, patria, tus sienes de oliva…" ondeando y agitando el lábaro patrio.

Los salones se llenan de rumores, se acomodan los números, el punto y coma, los acentos, las historias.

El timbre reparte los tiempos del diario afán.

En silencio, escoltas de letras hacen guardia en lomos de delgadas y finas maderas, manos suaves abren, ojean el yin y el yang aturullando al conocimiento.

Todo se vuelve suave y consolador. En la turbia superficie viajan alegres pensamientos, poesías, parábolas reconfortantes como pompas de jabón, celosas, misteriosas, esperando que las atrapen o acabando por no decir nada.

Los adolescentes muchas veces: aman, corren, descubren, sonríen. Es amigo muchas veces, aprender se vuelve sueño o desvelo, fluye gota a gota porque un destino les pertenece.

En la dirección, las oficinas dictan, almacenan el orden, la historia. Imprentas pequeñas golpean como herreros para teñir títulos, los puntos cardinales ajustan los caminos del destino, envueltos con alegría, con ilusiones. Se despiden.

Llega el final de labores del día, una masa de gente toma la salida, dentro de la oficina, pocos esperan, la escuela guarda silencio, se toma su tiempo.

Al cabo surge la presencia de Alfonso que se dirige al laboratorio de química, con airosa figura, mientras flota al viento su corbata gris.

Tuvo allí una larga conversación con el profesor Macario, que, naturalmente, le volvió a criticar y a atormentar hasta que se puso grosero.

Le pareció que esto le satisfizo; y a él también. Se regresa a su oficina.

Finalmente, todo el personal se retira, se aseguran las puertas con llaves, se ajustan las cadenas, se aplican los candados.

Alfonso de forma sorprendente permanece dentro de la dirección de la escuela. Determinó por iniciativa personal, quedarse para hacer las veces de velador, y cuidar las pertenencias de la escuela.

Su escuela ya había sido asaltada varias veces, las pérdidas de materiales eran cuantiosas. Varios veladores habían transitado por la nómina escolar, después de los asaltos, lo que menos deseaban era volver a hacer guardia de velador.

La escuela, la colonia, el barrio vivían aterrorizados por el vandalismo y la poca eficiencia de la policía en la vigilancia, sobre todo nocturna.

No había guardia, se prefería no tener trabajo que desempeñar la labor de guardia de seguridad, en aquella soledad, con arbotantes que alumbraban solo la explanada de la escuela.

La incertidumbre vagaba alrededor de las calles de la escuela, por rincones ignotos, sonidos repentinos que excitaban el ánimo del sueño, entreteniendo con imaginadas conjeturas.

De pronto, en un solo instante figuras humanas se hicieron visibles, le golpearon hasta que su cuerpo no resistió el asalto, perdiendo el presente y el futuro.

En el hospital le tomaron el brazo para alimentarle de suero, al tocarlo se sobresaltó. En aquellos segundos refulgió en sus ojos el brillo flagelante y triste de la demencia.

Semanas después se permite le visiten. Su personal de oficina acude en señal de apoyo y solidaridad. Le rodean alrededor de su cama, Alfonso solo puede ver hacia el techo, poco hacia el frente, sin poder hacer movimientos hacia los lados.

—¿Y el sub director?— pregunta.

—Aquí estoy, aquí estoy, maestro— responde, alzando, y agitando su mano, dirigiéndola hacia su zona visible.

—¿Y el orientador?— pregunta de nuevo.

—Aquí estoy, aquí estoy, maestro— responde, levantando un poco la voz.

—¿Y el conserje, también está aquí?— pregunta Alfonso inquisitivo.

—¡Si, si!, Aquí estoy también, maestro— contesta entusiasmado.

Alfonso, con toda la intención de quererse levantar, pero imposible por su estado físico. Con toda la imposibilidad, irritado en estado de alerta y desconcierto pregunta:

—¿Y quién cabrones está cuidando la escuela?—.

Se voltearon a ver unos con otros, para saber quién tenía la respuesta. Sin hacer mucho espaviento fueron retrocediendo los ofendidos, salieron y se dirigieron a su escuela de inmediato.

Se acerca la contadora de su escuela, sonriéndole levemente, le expresó que no hubiera pensado encontrarle en esas condiciones, donde nunca hubiera imaginado encontrarle.

Sonrió rudamente y le dijo:

—Querida amiga,— le interpone Alfonso —este incidente no prueba nada la desgracia la encontramos doquiera. La falta de oportunidades, de trabajo, transforma la sociedad humilde en delincuencia, nos dañamos unos a otros, así funciona el sistema. No se acotan las causas, todos tienen que lidiar con los faltantes—.

Estas palabras oprimieron a la contadora.

—Yo pensaba que dar con los delincuentes y castigarlos ofrece el ejemplo y se empieza a resolver, alejándolos de volver a intentar— afirma casi asustada.

Alfonso se sonrió.

—Mañana,— objetó desconsolado Alfonso —tendrán hambre de nuevo, contadora—.

—Bueno,— accediendo —se trata solo de una hipótesis, todo podría pasar—.

—Cierto— suspiró vencido.

Su filosofía de trabajo hace de este plantel una de las escuelas de calidad en el estado.

Integración de su equipo de trabajo, teniendo como base el respeto, la tolerancia, y la honestidad. Pregonadas a través del ejemplo.

El equipo convencido de que el beneficio final lo reciben los alumnos.

SU FILOSOFÍA:
CONVENCER PARA VENCER.

Capítulo XXXVIII

38. Veinticuatro.

NEGRO

La humanidad te viste de blanco
donde se agitan los colores
sin zapatos, sin moraleja.
De aquel silencio obscuro
se alarga la profundidad de la sepultura
se embate al profeta,
se hastía al doctor,
se ennoblece la pala.

BLANCA

Nos vestimos de negro.

¿VENDRÁ?

cuando estemos solos
cuando nos empujemos
cuando nos atrapemos
cuando nos duela
cuando pulse el silencio
cuando se duerman los huesos
cuando nos amemos.

• No quería despertar y morir. Su deseo se cumplió. •

Se quedó dormido, cuando dejo de respirar,
pude sentir tibios mis brazos, abrazándolo.
Ya no me moví, porque ya no tenía a donde ir.

En ese momento pude ver desbaratarse la noche,
cortada por el horizonte,
rodando las estrellas hasta ocultarse.
Las olas de sombras se sumergieron en las grietas de la noche.

Quedaron páginas pendientes, saltos de página,
otras se quedaron en blanco,
pues se acabó el carbón de su lápiz.

¿Dónde quedaron las verdades?
Hum… en verdad, no lo sé,
supongo que también envejecen.
Al tipo que le llaman tiempo,
avanza sin piedad, no tiene palabra.

Su ciclo es perfecto, veinticuatro.

A su lado se encontraba una nota endeble, todavía mojada
con lágrimas, escrita con letras viejas y borrosas:

Abandono a mis marineros.
Solo por hoy.
Los he amado.
Espero haber hecho bien mi tarea.

CONCLUSIÓN

• Solo sé que con cada alumno •
que deserta o se rinde, más nos alejamos
del país que queremos construir.

Los párrafos finales de un hombre histórico bien pueden ser breves y simples.

No está permitido a nosotras las sombras miméticas de moralizar extensamente sobre sus acontecimientos, que son esbozados bajó nuestro mimetismo desde el momento que nació hasta no dejar rastro para sombra.

Para él estaba prohibido conjeturar, imaginar, soñar. Aprendió, aunque contra su voluntad, a moderar su entusiasmo, a refrenar su fantasía, a la humildad en la presencia de los hechos.

El recorrido de los ríos lo llevaron adelante. Por árboles altos y rocas gigantes debe pasar sólo observando a medias.

Los vientos se esforzaron en vano por hacer imágenes seductoras en los remolinos juguetones de su pensamiento.

La primera y más general verdad en el alma del hombre es que "el hombre debe ser libre". Si la felicidad es el fin de la raza humana, entonces la libertad es su condición. Amplia y absoluta.

La batalla aún no ha terminado, la victoria aún no ha sido ganada. El presente es relativo. —no absoluto, gracias a los grandes guerreros de la humanidad— es deber del filántropo, del sabio, del estadista, dar lo mejor de su vida y de su genio a la obra educativa de su nación.

No imponer, esos baluartes y barreras que la superstición y el conservadurismo han levantado como baluartes de la civilización. Con un pueblo ilustrado que no tiene necesidad de barreras.

• —Su desaparición fue una tragedia,— dice: sombra uno •
—que acrecentó la soledad e impaciencia de aquellos que no
pudieron entenderlo—.

—En este país, hay hombres como él, qué seguirán sus grandes
visiones.— dijo, sombra dos.

—¡Cierto!— dice, sombra uno —solo que, en estos tiempos, les
da miedo vivir, no les da miedo morir—.

—Sus ideales su devoción fueron procedimientos incuestiona-
bles y extraordinarios— dice, sombra dos —o al menos tan cerca
como cualquier cosa que hayamos conocido—.

—Los ideales solo pertenecen a unos cuantos. Líderes,
supongo. Transforman a los hombres a su alrededor que
lo siguen. Líderes que proponen, traducen con sus grandes visiones. Se adueñan del tiempo, de las distancias,
construyen, forman, dejan huella, crean otros líderes.
Agotan a los que lo siguen. Mas, no pierden tiempo en
envejecer, temprano abandonan. Todavía no se conocen
líderes que lleguen a viejos. Tanto poder encima enferma
el cuerpo. El adversario, hasta el más débil se hace cargo
de él. Tanto resplandor ciega la vida—.

Para nosotros las sombras miméticas, el impulso de apuntar la verdad domina sobre cualquier otra disposición de la mente.

El afirmar la verdad, y decirla sin temor ni favor, favorece. Incluyendo también la ansiedad original por encontrar cosas distintas, como las que se descuidan y luego se olvidan. Marcar los límites del crecimiento de esos vicios políticos y sociales que, como la belladona, destilan su veneno en la oscuridad. Tal hambre en esta ciudad desértica por la educación, el conocimiento y sus lecciones muestran una ansiedad por el presente y un cuidado por el futuro del país.

• **Nosotras continuamos** •
• **Estamos buscando...** •

BIBLIOGRAFÍA

Aquí debo aclarar que esta semblanza fue creada con puño y letra de Alfonso. Con la descripción física y psicológica de su persona. Una síntesis que asienta los aspectos más destacados, así como sus cualidades académicas y profesionales que lo distinguen de manera excepcional por su trabajo.

Su biografía será acompañada de algunos datos biográficos.

Personaje excepcional como la de Alfonso Octavio González Velasco. Nació en Chihuahua, Chihuahua. México. El cuatro de octubre de 1941. A partir de sus indicios considerados ciertos y reales. Su apasionante vida por las cumbres del amor y respeto por la educación; por los jóvenes.

De mis viajes, de mi amado amigo, de su familia, de sus queridos amigos, de investigaciones. De lugares que fueron cuna, testigo y epitafios del protagonista de esta novela, me arrojaron bondadosamente sus riqueza literarias. Eliminé los obstáculos para la creación de esta obra, tomé los remos, empujaron, dejando deslizar libres las letras, la poesía, la metáfora. Su verdadera esencia fue una labor que me llevó muchos años, hasta que me hinqué y me apoyé en el lápiz.

Su semblanza es la parte más importante de su documentación que abarca todo su contexto histórico y social del periodo en el que vivió Alfonso:

SEMBLANZA, octubre 15, 1999. Mexicali, Baja California. México.

Me esmeré en gran medida por los detalles de sus movimientos abstractos, en veces hasta pedir asesoría a una bolita mágica, que finalmente pude ir identificando, pero hasta que el vaso estaba lleno, o los ciclos iniciaban, sucedían, o ya estaban en marcha. Todo en un abrir de página, y pasar a la siguiente.

Su gente, ya sabía o aprendía, pero todos se convertían en grupos de trabajo organizado, limpio, puntual. Convertidos en verdaderos gestores, auténticos conductores. Administraban con inteligencia, gestionaban recursos, toda una labor humana, de atención, al pendiente del prójimo y de su trabajo.

En algunos capítulos le di voz a algunos personajes interesantes, otros taciturnos, otros brillantes: Su gran amigo en el puerto el Chacal, el capitán Fili, los becados, el ingeniero Ángel.

Cuando más me acercaba al capitán Fili, más me convencía que tenía dos mitades, una mitad de corsario, la otra mitad como la de nosotros. Dotado de procesamientos profundos, capacidad para detectar sutilezas en el ambiente. Su exceso de peso le ocasionaba agotamiento de su respiración, forzándolo a arrojar media sonrisa, palabras que se iban adelgazando conforme salían de sus labios. Siempre sensible que le dotaban para cambiar de carácter, trasladando su contagio emocional a sus compañeros, risueño, bromista, atinado con los sobrenombres para quien se atravesará, daba con su caricatura y nombre. Un peligro para los actores.

Para los capítulos referidos a las obras que se adquirieron y otras que fueron visitadas:

Medea, 1889 Birkenhead de Evelyn de Morgan.
Museo y Galería de Arte Williamson
Birkenhead, Inglaterra.

El Rey Moro de Gaudenzio Ferrari.
Museo Nazionale Della Montagna
San Gaudenzio. Novara, Italia.

Numero de referencia. Plató, La República, VII, 522a-531c
Número de referencia. Plató, La República, VII, 530a

Abreviaturas:

ISBN
Código estándar internacional para libros.
International standard code for books.

OMPI 1996, directiva comunitaria 2001/29/CE
"Derechos de autor en Internet"

Si necesita fotocopiar o escanear algún fragmento de esta obra diríjase al CeMPro

Centro Mexicano de Protección y Fomento de los Derechos de Autor. www.cempro.org.mx

UNESCO
Organización de las Naciones Unidas para la Educación, la
Ciencia y la Cultura.

ITRC
Instituto Tecnológico Regional de Chihuahua.

Técnico en Máquinas de Combustión Interna.

CECATI
Centro de Capacitación para el Trabajo Industrial.

SEP
Secretaria de Educación Pública.

ITCILO Centro Internacional de Perfeccionamiento Profesional

OIT - Centro internacional de formación de la OIT. – Turín, Italia.

SNTE   Sindicato Nacional de Trabajadores de la Educación.

DI USA   Departamento de Inmigración de USA.
USA   Estados Unidos de Norte América.

*Museo Nazionale Della Montagna "Duca degli Abruzzi. Turín,
Italia.*

CEBATIS Estudio Socio Económico de Actividades Tecnológicas.

US-CODAF Comité México-Americano para el Desarrollo de la Amistad Fronteriza.

Patronato AC Patronato de Asociación Civil.

CAPFCE Comité Administrador del Programa Federal de Construcción de Escuelas.

Secretaría de Educación Pública.

Dirección General de Educación en Ciencia y Tecnología del Mar.

Subsecretaría de Educación Media, Técnica y Superior.

Creación de la Dirección General de Educación Tecnológica Pesquera.

CFE Comisión Federal de Electricidad.

FUNDACIONES:
Mary Street Jenkins.

CETYS Universidad. Mexicali. Baja California. México.
Centro de Enseñanza Técnica y Superior. Universidad.

Referencias Musicales:
Chopin. Romance-larghetto, concierto No. 1 en E menor.
Himno Nacional Mexicano.
Fragmento Poesía: A la muerte. Kebir '95

Lugares:
Mexicali, Baja California. México
San Felipe, Baja California, México.
Valle de la Trinidad, Baja California, México.
Ensenada, Baja California. México.
Tijuana, Baja California. México.
Isla de Cedros, Baja California. México.
Puerto Peñasco, Sonora. México.
Avalos, Chihuahua. México.
Puebla, Puebla. México.
Veracruz. México.
Turín, Italia.
El Centro, California. USA.
Calexico, California. USA.
Piazza Castello. Milán, Italia.
Piazza Pietro Frattini. Milán. Italia.
Rio Torino de TO. Turín, Italia.
Rio Sangone, Turín, Italia.

NOTA DE EL AUTOR

La aventura de crear una novela de carácter histórico, debe lidiar con los momentos de la narrativa; en balance. Que la trama literaria se mantenga en su posición, sin separarse de la novela histórica con sus delicados alfileres: de los hechos y sus fechas.

Se tiene a nuestro favor la libertad que impone la ficción, para dar permiso a la creatividad de manera respetuosa, consiente, y en mi empeño por la ficción, la imaginación, la grandeza del ser humano. Los gigantes que dan forma a los sucesos, a la vida.

Los personajes invitados, los trajo al papel el protagonista de esta novela. Todos ellos vinculados en su largo bregar, la elección de sus nombres, son apuntados con mi propio criterio, inventados, adoptados o abreviados cuidando su fonética y carácter del personaje.

El anexo de los pensamientos del hombre que se acuñan aquí también son invitados, como lo es también la poesía espontánea para reforzar los escenarios del ambiente. Los seres miméticos que registran cada paso, cada movimiento, cada derrota, cada éxito, dando forma a la redacción virtual, de la imaginación.

Acomodando las turbulencias del alma, auxiliadas con las máximas poéticas y filosóficas.

Sentencias del poeta, del pensador, del momento. De aquí, cerca, a la mano, no hay que ir muy lejos.

Hace muchos años Alfonso, te pensé, extender tus virtudes, tu lucha inagotable. Bueno sí; te alejaste. Pero dame una tregua, enseguida te acompañare. Con esta novela, haremos un trueque. Ella se queda, continuara creando hermanos que sigan tus pasos y me darás permiso de seguir admirando tu obra. ¿Te parece?

La batalla aún no ha terminado, la victoria aún no ha sido ganada.

1 Enero 2023.

RECONOCIMIENTOS

Mi primer novela, mis primeras letras atrevidas posándose en los pensamientos dichos por el hombre, y en el oficio de la escritura que he amado desde niño.

Aventuras del alma, del pensamiento, de la poesía, que deseo coleccionar, juntar para luego argumentar, darles forma, expresar, compartir en lenguaje escrito.

Con su color propio, según nuestra libertad de pensar, de imaginar, de soñar.

Si hay algo que admiro en mi largo camino de mi vida, es tener la oportunidad de compartir mi alma, mi amistad al lado de hombres gigantes, de líderes, que me han apoyado, que me dan permiso de estar a su lado, aprender de ellos.

No seré como ellos, mis límites son muy pobres, mi capacidad endeble y gozo de una rebeldía sin margen, la vida es así. Nos enseña, pero también nos adhiere lo que no esperamos, lo que no queremos.

Dicen que es sobrevivencia, más solo sé que estoy un poco mal acomodado en tiempo y en lugar. Pero esta novela si se encuentra en el tiempo y en su lugar, espero haberla construido bien.

Gracias a mis hijos, a mi familia, a los que han creído en mí, sus comentarios, su apoyo, sus entusiastas opiniones.

Continuar debo, la rueda debe seguir girando, de eso consiste la vida

ÍNDICE

Made in the USA
Middletown, DE
11 June 2023